DIE FOOD TRUCKERIN

EIN KULINARISCHER ROADTRIP DURCH GANZ DEUTSCHLAND

DIE BESTEN GESCHICHTEN UND REZEPTE

Das Buch zur
TV-Sendung mit
Felicitas Then

WELT

Lifestyle
BUSSE
SEEWALD

MEIN FAZIT NACH EINIGEN RUNDEN AUF DER ERNTEMASCHINE: MÄHDRESCHER FAHREN ERFORDERT VIEL MEHR PRÄZISION UND KONZENTRATION, ALS ICH DACHTE.

GANZ VORSICHTIG HABE ICH MICH AN DIE ZITZEN DER MILCHKUH GEWAGT. NACH EIN PAAR VERSUCHEN LANDETE TATSÄCHLICH FRISCHE MILCH IM MELKEIMER.

ICH HIEVE DEN KÄSEBRUCH AUF DAS ABTROPF-GITTER. DARAUS WERDEN ANSCHLIESSEND DIE MOZZARELLA-KUGELN GEMACHT.

DIE KÄSELAIBE MÜSSEN TÄGLICH IM SALZWASSER GEWENDET WERDEN. KÄSEN IST WIRKLICH EIN BEEINDRUCKENDES HANDWERK!

MORGENS UM VIER UHR DIE NETZE EINHOLEN, DORSCHE AN BORD AUSNEHMEN. FISCHER ZU SEIN, IST KEIN EINFACHER JOB, DENNOCH LIEBT STEFFEN SEINE ARBEIT.

VORWORT

Mit dem Projekt DIE FOODTRUCKERIN ist ein Kindheitstraum in Erfüllung gegangen. Schon mit zehn Jahren wollte ich im Fernsehen kochen, Menschen mit Essen begeistern und alles über Lebensmittel erfahren.

Jetzt durfte ich monatelang durch Deutschland reisen, um die besten Lebensmittel des Landes zu suchen. Dabei habe ich hervorragende Erzeugnisse probiert, unfassbar tolle Menschen getroffen und so viel gelernt!

Ich weiß nun, dass echter Respekt vor Tieren mehr als biologische Haltung bedeutet, dass kleine handwerkliche Manufakturen es verdient haben, unterstützt zu werden und dass nur mit Liebe ein wirklich gutes Produkt entstehen kann. Der Begriff »Nachhaltigkeit« ist kein schwammiges Medien-Wort mehr für mich, sondern der einzige Weg, uns und unserer Umwelt etwas Gutes zu tun.

Aber das ist bei Weitem nicht alles: Auf dem Kutter vor Hiddensee durfte ich morgens um fünf am eigenen Leib, oder vielmehr auf meiner Wange fühlen, dass Rasierschaum ganz wunderbar gegen das Gift von Feuerquallen hilft. In Niedersachsen konnte ich feststellen, Mähdrescher fahren ist staubige Präzisionsarbeit, die eine Menge Konzentration und Durchhaltevermögen verlangt, aber auch verdammt viel Spaß macht.

Mit meinen Händen durfte ich fühlen, dass es fast noch schöner ist, Käse herzustellen als ihn zu essen. Erst das Melken des Tieres, dann das Schneiden des Käsebruchs, bis hin zum Wenden und Schmieren mit Schimmelkultur und Salz. In spätestens zehn Jahren möchte ich meine eigene kleine Käserei haben. Da bin ich mir sicher…

Nun wünsche ich Euch ganz viel Spaß dabei, mit diesem Buch meine Reise nachzuempfinden und neue Rezepte auszuprobieren. Denn neben meiner großen Neugier für alles, was mit dem Thema »Essen« zu tun hat, bin ich vor allem eines: Köchin aus größter Leidenschaft. Und diese Freude möchte ich mit meinen Gerichten an Euch weitergeben.

Mein Versprechen: Selbst gemachte Wildleberwurst schmeckt unfassbar köstlich, Bärlauchpesto ist am leckersten, wenn man die Blätter selbst pflückt und knuspriger Dorsch mit pochiertem Ei ergibt das perfekte Seemannsfrühstück!

WEN ICH AUF MEINER REISE BESUCHEN DURFTE, UND WAS WIR GEMEINSAM GEKOCHT HABEN ...

DIE FOOD TRUCKERIN

ES GIBT FLEISCH

1 FELICITAS TRIFFT

LUDWIG (LUCKI) MAURER · ZÜCHTER VON BIO-WAGYŪS, VORREITER DER »FROM-NOSE-TO-TAIL«-BEWEGUNG

HENDRIK HAASE · FOOD-AKTIVIST UND MITBEGRÜNDER DER METZGEREI KUMPEL & KEULE

RUDOLF BÜHLER · ZÜCHTER DES SCHWÄBISCH-HÄLLISCHEN LANDSCHWEINS

Foodtruckerin Felicitas Then ist auf der Suche nach den besten Lebensmitteln unseres Landes. Auch beim Thema Fleisch schaut sie deshalb genau hin: Was bedeutet artgerechte Tierhaltung wirklich? Wie geht es Tieren bei Bauern, die um ihr Wohl besorgt sind? Was ist der Unterschied zwischen nachhaltiger Züchtung und Massentierhaltung? Felicitas fährt zu Fleischpapst Lucki Maurer und seiner Bio-Wagyū-Farm in Niederbayern. Sie besucht die glücklichen Schweine von Rudolf Bühler, einem der sieben Gründer der Schwäbisch-Hällischen Erzeugergemeinschaft. Und sie lernt bei Hendrik Haase in Berlin junge Metzger mit Herz kennen.

Felicitas Then bei Rudolf Bühler. Auf dem Grill ein Kotelett vom Schwäbisch-Hällischen Weideschwein. Das Streuobst und die Eicheln der Weide geben dem Fleisch sein unverwechselbares Aroma.

EIN LEBEN OHNE STRESS UND ANGST

LUDWIG (LUCKI) MAURER

- Erster europäischer Züchter von Bio-Wagyū-Rindern
- Gefragter Experte für die ganzheitliche Verarbeitung von Fleisch
- Küchenmeister, Landwirt und Juror bei »The Taste«
- Betreibt eine Wagyū-Manufaktur mit Kochschule und Catering

Gestatten, Maurer. Ludwig Maurer, genannt Lucki. Auch bekannt als »Deutschlands Fleischpapst«. So wird er bei »The Taste« vorgestellt, wo er 2015 erstmals als Gastjuror auftrat. Tatsächlich hat Lucki Maurer weit über Deutschland hinaus einen exzellenten Namen. Er ist nicht nur gelernter Koch, Hotelfachmann und Küchenmeister, er hat mehr als zehn Jahre für Stefan Marquard gearbeitet, ist Fleischexperte für Magazine wie »BEEF« und einer der wichtigsten Fürsprecher der »From-Nose-to-Tail«-Bewegung sowie Verfasser international prämierter Bücher. Und er züchtet als Erster in Europa Wagyū-Rinder, die ursprünglich aus Japan stammen, auf ökologischer Basis.

DAS GEHEIMNIS? ZEIT LASSEN!

Auf seiner Bio-Farm in Niederbayern hält er rund 60 Stück Vieh – ausschließlich Wagyūs, eine der exklusivsten Nutztierrassen der Welt. Maurer schlachtet pro Jahr nur vier, fünf Rinder und verkauft sie an die Top-Gastronomie. Die Qualität ihres Fleisches gilt als herausragend. Wenn man Ludwig nach den Gründen dafür fragt, gibt er eine erstaunliche Antwort: »Das Geheimnis ist, dass wir nichts tun. Wir geben den Tieren einfach Zeit.« Die Wagyūs stehen bei Lucki das ganze Jahr über auf der Weide – Mutterkühe, Kälber und auch Benno, der Zuchtbulle. Vier Jahre dürfen die männlichen Wagyūs hier im Schnitt leben. Solange, bis sie sich mit Wiesenkräutern das richtige Gewicht angefressen haben. So bekommt ihr Fleisch von Natur aus einen würzigen Geschmack.

Zeit gibt Ludwig dem Fleisch noch einmal, nachdem es zerlegt wurde. Maurer ist Experte für Dry Aging, der Trockenreifung von rohem Fleisch. Dieses Verfahren ist schon Jahrhunderte alt und sorgt für Zartheit und mehr Aroma. Außerdem setzt er sich dafür ein, dass von der Schnauze (engl.: nose) bis zum Schwanz (engl.: tail) alles vom Tier verwendet wird. So werden von ihm auch die Innereien und die unbeliebteren Teile verkocht. Das Wichtigste für eine gute Fleischqualität sei aber noch etwas anderes, betont er: »Unsere Tiere müssen ihr Leben lang nie Angst oder Stress haben.« Wenn in Luckis Herde ein Kalb auf die Welt kommt, tauft er es nach dem katholischen Kalender: Kunigunde, Otto oder Ägidius. Gutes Fleisch beginnt eben mit einem guten Namen!

»Fleisch von glücklichen Tieren schmeckt einfach besser«, finden Lucki Maurer und Felicitas.

DRY AGER
DRY AGER
PANTERA

DAS PERFEKTE STEAK

Es gibt sie noch, die Bauern mit Herz, die ihre Tiere mit Liebe halten. Ihr Fleisch schmeckt unvergleichlich aromatisch. So wie das Steak von Lucki Maurers Wagyūs – eine Offenbarung auf dem Teller!

ZUTATEN

- 1 T-Bone Steak, ca. 5 cm dick
- Fleur de Sel
- 1 Prise brauner Zucker
- 2 EL neutrales Öl zum Braten
- schwarzer Pfeffer, frisch gemahlen
- 1 angedrückte Knoblauchzehe
- 2 Zweige Thymian
- 1 Zweig Rosmarin
- Alufolie

FÜR 2 PORTIONEN

SO GEHT'S

1. 30 Minuten vor dem Braten das Steak aus dem Kühlschrank nehmen. Den Backofen auf 90°C Ober-/Unterhitze vorheizen. Das Fleisch auf beiden Seiten mit Fleur de Sel würzen.
2. Ebenfalls auf beiden Seiten mit braunem Zucker bestreuen.
3. Das Öl in der Pfanne sehr heiß erhitzen.
4. Steak zunächst auf der oberen Fettschicht ca. 2 Minuten knusprig braten.
5. Dann von beiden Seiten jeweils 2 Minuten knusprig braten.
6. Steak aus der Pfanne nehmen. Zusammen mit den Aromen auf einen hitzefesten Teller geben und im Ofen ca. 30 bis 40 Minuten nachgaren. Mit frisch gemahlenem Pfeffer bestreut servieren und am besten direkt am Tisch gegen die Faser aufschneiden.

TIPPS ZU FLEISCH

1. Beim Fleischkauf immer auf artgerechte Haltung achten.
2. Je besser die Fleischqualität und je länger die Reifezeit, desto leckerer das Steak!
3. Der braune Zucker sorgt dafür, dass das Fleisch eine schöne Kruste bekommt.
4. Immer erst nach dem Braten mit Pfeffer würzen, da der Pfeffer sonst verbrennt.

EST 2015
KUMPEL
& KEULE
Metzgerhandwerk

frisches
KOTELETT
vom Schwäbisch-Hällischen
Landschwein
100g 2,49€

BEIM LEBERWURSTMACHEN LIVE DABEI

Hendrik Haase ist Deutschlands bekanntester Food-Aktivist und Mitbegründer der Metzgerei Kumpel & Keule in der Markthalle 9 in Berlin Kreuzberg. Hier arbeitet eine junge Generation von Metzgern. Ihre Wurstwerkstatt und der Bereich für die Fleischzerlegung sind komplett verglast, so kann der Kunde genau sehen, was mit dem Fleisch passiert.

Wenn Hendrik darüber spricht, was für ihn ehrbares Metzgerhandwerk bedeutet, redet er über Tierhaltung und Fleischqualität: »Billiges Fleisch hat seinen Preis. Und den bezahlen die Tiere, die zu schnellem Wachstum gezwungen werden.«

Nicht, dass es bei Kumpel & Keule überteuert wäre, aber ein Kilo Schnitzelfleisch für 1,99 € gibt es hier eben nicht. Dennoch kommen die Kunden aus ganz Deutschland hierher. Sie können vor Ort mit dabei sein, wenn die Kumpel-Metzger zum Beispiel Leberwurst machen. »Normalerweise kennen wir Fleisch«, meint Hendrik, »wir kennen Leberwurst. Aber was dazwischenliegt, haben wir vergessen. Und das wollen wir wieder zeigen!«

Bei Kumpel & Keule gibt es nur Fleisch von artgerecht gehaltenen Tieren. »Wir sind sehr wählerisch bei unseren Lieferanten«, erklärt Hendrik. »Gucken ganz genau: Was hat das Tier zu fressen bekommen, wie wurde es gehalten?« Deshalb sehen die Koteletts von Kumpel & Keule auch anders aus als die Fleischstücke beim Discounter. Nicht blass. Sondern kraftvoll und fein marmoriert.

HENDRIK HAASE

- Deutschlands bekanntester Food-Aktivist
- Vorkämpfer für transparentes Metzgerhandwerk
- Setzt sich für die artgerechte Haltung von Tieren ein

SCHWEIN GEHABT!

RUDOLF BÜHLER

- Gründer und Vorstand der Bäuerlichen Erzeugergemeinschaft Schwäbisch Hall
- Rettete das Schwäbisch-Hällische Landschwein vor dem Aussterben
- Vorsitzender der Züchtervereinigung Schwäbisch-Hällisches Schwein
- Hat immer die Ruhe weg – selbst wenn Prinz Charles ihn besucht

Alles begann vor gut 30 Jahren mit einem einzigen Schwein. So viel war Rudolf Bühler auf seinem Hof in Hohenlohe noch von der alten, ehrwürdigen Hausschweinrasse geblieben. Der studierte Agronom hatte ein paar Jahre zuvor als Entwicklungshelfer in Asien und Afrika gearbeitet. Dort erlebte er, wie wichtig es für eine nachhaltige Landwirtschaft ist, Nutztiere zu halten, die optimal an ihren Standort angepasst sind. Sie sind fruchtbarer, robuster, widerstandsfähiger gegen Krankheiten und geben qualitativ hochwertiges Fleisch. Zurück auf seinem Hof, tat sich Bühler mit sieben weiteren Landwirten zusammen. Gemeinsam riefen sie 1988 die »Bäuerliche Erzeugergemeinschaft Schwäbisch-Hall« ins Leben. Sie verhalfen so mit Rudolfs Sau, einem Eber und sechs weiteren Schweinen der Schwäbisch-Hällischen Landrasse wieder zu neuem Leben.

Wer Rudolfs Schweine auf ihrer Weide besucht, muss zuerst ein Gatter passieren, auf dem ein Schild prangt: »HRH Prince Charles«. Eine coole Sache sei das gewesen, erzählt Rudolf, als der britische Thronfolger ihn vor drei Jahren besuchte. Er wollte sich vor Ort selbst ein Bild machen von der Erfolgsgeschichte der Neuzüchtung einer alten Nutztierrasse.

Rudolfs Weideschweine leben auf einer mehr als 20.000 Quadratmeter großen Weidefläche mit Eichen und Obstbäumen. Die Schweine fressen Streuobst, Kleegras und Eicheln. Lauter gute Dinge, die ihrem Fleisch sein unverwechselbares Aroma geben. Die wichtigste Zutat aber ist auch bei Rudolf Bühler: Zeit. Er hält die Tiere, wie es ihrer Art entspricht, gibt ihnen Raum und lässt sie das Leben auf der Weide genießen. »Es ist halt das Schweineparadies«, sagt Rudolf. Erst spät im Herbst geht das Leben für sie zu Ende. Ein großer Unterschied zur herkömmlichen Mast, hier werden Schweine bereits nach fünf Monaten geschlachtet.

Rudolf Bühlers Weideschweine leben fast doppelt so lange wie ihre industriell gemästeten Artgenossen. Sie haben 500-mal so viel Platz, können sich im Freien suhlen, sonnen und im Schatten dösen.

HRH PRINCE CHARLES
SCHWEINEWEIDE
Schwäbisch-Hällisches
Landschwein

Crafted
Meat

SCHWEINEKOTELETTS MIT GIN-COLESLAW

ZUTATEN

- 4 Schweinestielkoteletts
- 750 g Weißkohl
- Salz
- 1 TL Zucker + 1 Prise Zucker zum Abschmecken
- 3 EL Mayonnaise
- 3 EL Crème fraîche
- 1 EL Weinbrandesseig
- Saft und Abrieb von 1 Bio-Zitrone
- schwarzer Pfeffer, frisch gemahlen
- 1–2 EL Gin
- 100 g geröstete Walnusskerne
- 1 Bund glatte Petersilie, gehackt
- 1 Knoblauchzehe
- 4 EL neutrales Öl
- 1 EL Kümmelsamen
- einige Zweige frischer Thymian
- 3 EL Sojasauce
- 1 EL Honig

FÜR 4 PORTIONEN

Coleslaw mit knusprig gegrillten Koteletts – ein Traumgericht für alle, die es beim Grillen unkompliziert mögen und trotzdem Lust auf ein neues Aroma haben.

SO GEHT'S

1. Die Fettschicht der Koteletts über Kreuz einschneiden. Fleisch beiseitestellen.
2. Den Strunk des Kohlkopfes keilförmig herausschneiden, die äußeren Blätter des Kohls entfernen und den Kohl in feine Streifen schneiden. Den geschnittenen Kohl mit Salz und Zucker vermengen und mit den Händen leicht kneten.
3. Für das Dressing die Mayonnaise mit Crème fraîche, Weinbrandessig, Zitronenabrieb und 1–2 EL Zitronensaft mischen. Mit Salz, Pfeffer und einer Prise Zucker abschmecken. 1–2 EL Gin geben der Salatcreme den besonderen Pfiff.
4. Die Walnusskerne grob hacken und zusammen mit der Petersilie zum Weißkohl geben, alles mit dem Dressing vermengen und eine Weile ziehen lassen.
5. Für das Fleisch jedes Kotelett am äußeren Rand des Grillrosts erst scharf anrösten und dann bei niedrigerer Temperatur in der Mitte des Grills leicht rosa garen.
6. Für die Marinade die Knoblauchzehe hacken und mit Öl, Kümmel, Thymianblättchen, Salz und Sojasauce verrühren. Ein Esslöffel Honig rundet die Marinade ab.
7. Die Schweinekoteletts während des Grillens auf beiden Seiten mit der Marinade bestreichen.
8. Zum Schluss die Koteletts mit Coleslaw anrichten und nach Belieben mit frischer Petersilie garnieren.

TIPPS ZU KOTELETTE UND KOHL

1 Das Einschneiden der Fettschicht sorgt beim Braten für eine tolle Kruste.

2 Ich knete den Weißkohl, damit er weicher und geschmeidiger wird.

3 Alkoholfreie Variante: Anstelle des Gins kann man ein paar zerstoßene Wacholderbeeren verwenden.

ES GIBT WILD

2

FELICITAS TRIFFT

HANS-JÜRGEN ZSCHUPPE · JÄGER MIT EIGENEM REVIER IN BERLIN-GATOW

MARIANNE GABRIEL · FALKNERMEISTERIN IN BERLIN

RONNY KRUPP · FALKNER UND STELLVERTRETENDER VORSITZENDER DES DEUTSCHEN FALKENORDENS

Bei Lucki Maurer hat Felicitas die »From-Nose-to-Tail«-Philosophie kennengelernt: Nachhaltiger Fleischgenuss bedeutet, alle Teile eines Tieres zu verwenden und nichts zu verschwenden. Jetzt ist sie bei der Jagd dabei und erlebt hautnah mit, was dieses Prinzip in der Realität bedeutet. Sie geht mit auf die Pirsch und ist auch dann noch dabei, wenn der Revierjäger Hans-Jürgen Zschuppe nach einem Blattschuss mitten in der Nacht einen erlegten Frischling ausnimmt.
Auch wenn es dabei hart zur Sache geht, Felicitas schreckt nicht zurück und hilft bei Eiseskälte mit, das noch blutende Tier auszunehmen. Und sie geht mit Falknern aus Berlin auf die Beizjagd, wie man die Jagd mit Greifvögeln nennt. Dabei lernt sie Tilda und Hannah kennen, zwei wunderschöne, majestätische Wüstenbussarde. Frettchen Coco ist auch mit von der Partie. Zusammen gehen sie auf Kaninchenjagd.

Als Köchin weiß Felicitas, dass man nicht zimperlich sein darf. Wer Wildfleisch mag, darf ruhig wissen, wie es auf den Teller kommt. Sie ist auf der Beizjagd mit den Wüstenbussarden Hannah und Tilda unterwegs.

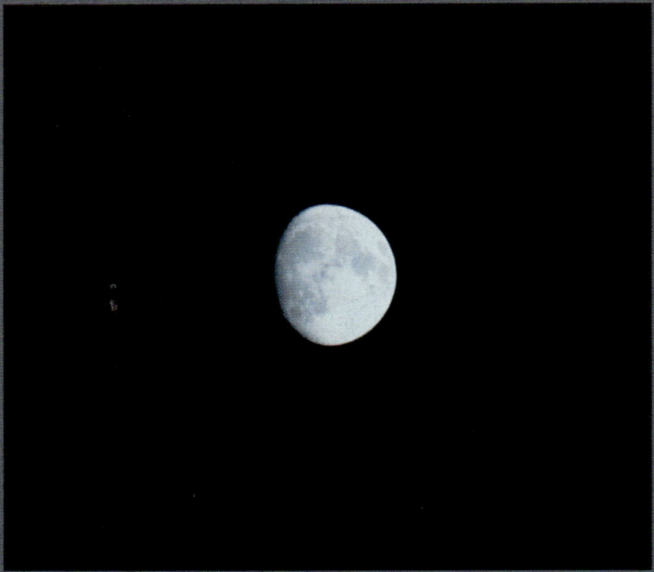

»Jagen? Ist ein bisschen wie Pilze suchen, nur aufregender!«, findet Felicitas nach einer Nacht auf der Pirsch.

MITTEN IN DER NACHT

Jäger wurde Hans-Jürgen Zschuppe, weil er sich mehr der Natur widmen wollte. Bei einem befreundeten Fleischer lernte er überdies, wie man »zerwirkt«. So nennt man in der Jägersprache das Zerteilen von Wildbret. Das Wildfleisch zerlegt er selbst in einer kleinen Schlachterei eines Freundes. Er betreibt die Jagd nicht im Hauptberuf. Aber ein Hobby ist sie für ihn nicht: »Die Natur reguliert sich nicht mehr selbst«, erklärt er. Hirsche, Rehe und Wildschweine finden hierzulande so gute Lebensbedingungen vor, dass sie auf Äckern und in Gärten Schäden anrichten. Nicht selten kommt es vor, dass Bauern eben noch die Getreidesaat ausgebracht haben, und in der Nacht darauf wühlt eine Wildschweinrotte alles wieder auf. Fast täglich erreichen Hans-Jürgen deswegen Hilferufe ansässiger Bauern. Dann muss er mit seinem mobilen Hochstand raus ins Revier. Auch bei Eiseskälte.

HANS-JÜRGEN ZSCHUPPE

- Betreibt die Jagd aus Verantwortung für Tier und Natur
- Hat ein eigenes Jagdrevier in Berlin-Gatow
- Muss manchmal viele Nächte hintereinander raus, um seinen Revierbestand zu pflegen

WAIDMANNSHEIL!

Felicitas begleitet ihn nachts auf der Pirsch auf Wildschweine. Nach drei Stunden ist die Jagd vorbei. Mit einem sauberen Schuss hat Hans-Jürgen ein 26 Kilo schweres, halbjähriges Wildschwein zur Strecke gebracht. Felicitas hilft ihm, das Tier auf eine Plane zu ziehen, damit Hans-Jürgen es ausnehmen kann. Galle und Darm müssen sofort raus. Mit einem scharfen Messer entnimmt er die Eingeweide. Er schickt Teile davon sofort ins Labor, um die Gesundheit des Tieres festzustellen. Erst wenn der Befund okay ist, darf Hans-Jürgen das Tier zerwirken. Nachbarn, Freunde und Bekannte freuen sich schon auf das Fleisch. Doch diesmal teilen sie die Beute mit Felicitas. Sie hat die Jagd tapfer durchgestanden und bekommt von Hans-Jürgen dafür die Leber und die Filets des Tieres. Waidmannsdank!

BROTAUFSTRICH VON DER WILDSCHWEINLEBER

ZUTATEN

- 350 g Wildschweinleber
- 1 säuerlich schmeckender Apfel (z. B. Granny Smith)
- 2 EL Butterschmalz
- ½ TL Fleur de Sel
- 3 Pimentkörner
- 3 Pfefferkörner
- 4 cl trockener Sherry
- 1 Zweig Rosmarin
- 1 große Zwiebel
- 1 Zweig Thymian
- Abrieb von ½ Bio-Zitrone
- 1 EL weiche Butter
- 80 ml Sahne
- ein paar Zweige glatte Petersilie, frisch gehackt

FÜR 4 PORTIONEN

Ein Leberaufstrich, der gekaufte Leberwurst glatt in den Schatten stellt und unglaublich lecker ist: cremig, leicht pfeffrig, dazu die Süße vom Apfel: ein Gedicht!

SO GEHT'S

1. Die frische Leber in dicke Stücke schneiden. Den Apfel schälen, Gehäuse entfernen, in Würfel schneiden.
2. 1 EL Butterschmalz in eine Pfanne geben und die Leberscheiben darin rundherum braten.
3. Inzwischen die Würzmischung vorbereiten. Dafür die Piment- und Pfefferkörner mit dem Fleur de Sel im Mörser zerstoßen.
4. Die Gewürzmischung und den Zweig Rosmarin zur gebratenen Leber in die Pfanne geben und mit dem Sherry ablöschen.
5. Während die Leber im Sherry-Sud weiterköchelt, die Zwiebel fein hacken. Die Leber sollte durchgebraten sein. Dann die Leber herausnehmen und den Rosmarinzweig entfernen.
6. Leber vom Herd nehmen und in eine Schüssel geben.
7. Nun erneut 1 EL Butterschmalz in der Pfanne erhitzen. Apfel- und Zwiebelwürfel mit dem Zweig Thymian dazugeben und unter Rühren ca. 5 Min. braten.
8. Die Apfel-Zwiebel-Mischung zur Leber geben und alles zusammen abkühlen lassen.
9. Die abgekühlten Zutaten mit etwas Zitronenabrieb und der Sahne in einen Mixer geben, bis zur gewünschten Cremigkeit pürieren und nochmals mit Salz abschmecken.
10. Zum Schluss den Aufstrich mit etwas frisch gehackter Petersilie »pimpen«. Fertig!
11. Am besten schmeckt der Aufstrich auf frischem, rustikalen Bäckerbrot.

TIPPS ZU LEBERWURST

1. Für Leberaufstrich muss die Leber gut durchgegart sein.
2. Anstelle der Wildschweinleber kann man auch Geflügelleber nehmen.
3. Wer keinen Mixer hat, kann auch mit dem Pürierstab pürieren.

ROSA GEBRATENE WILDSCHWEINFILETS

ZUTATEN

- 4 Wildschweinfilets à 150 g
- 1 Prise Fleur de Sel
- 1 EL Butterschmalz
- 1 Knoblauchzehe
- 2 Zweige Rosmarin
- 2 Zweige Thymian
- 1 EL Butter
- schwarzer Pfeffer, frisch gemahlen
- Alufolie

FÜR 4 PORTIONEN

Hier kommt zusammen, was zusammengehört: gebräunte Butter, feine Filets und die kräftigen Aromen mediterraner Kräuter. Bei diesem Zusammenspiel braucht man keine Sauce. Einfach pur genießen!

SO GEHT'S

1. Die Wildschweinfilets von eventuell noch vorhandenen Sehnenresten befreien.
2. Die Filets mit dem Fleur de Sel auf beiden Seiten würzen.
3. Butterschmalz in einer heißen Pfanne zum Schmelzen bringen. Die Knoblauchzehe mit dem Messer andrücken und mit den Thymian- und Rosmarinzweigen in die Pfanne geben.
4. Die Filets ins sehr heiße Fett geben und auf allen Seiten scharf anbraten. Anschließend die Butter hinzufügen und alles mit etwas frischem Pfeffer würzen.
5. Die Pfanne vom Herd nehmen, mit Alufolie bedecken und bis zum Servieren ein paar Minuten ruhen lassen. Aufschneiden. Fertig!

TIPPS ZU WILDSCHWEIN

1. Zum Ablösen von Sehnen verwende ich ein scharfes Messer mit schmaler Schneide.
2. Die Knoblauchzehe drücke ich an, weil sich ihr Aroma dann besser löst.
3. Die paar Minuten Ruhezeit braucht das Fleisch, um noch ein wenig zu garen.
4. Perfekt sind die Filets, wenn sie von außen leicht kross und innen noch zartrosa sind.

DIE KUNST, MIT VÖGELN ZU JAGEN

Jagen kann man auch ohne Gewehr. Nur mit Hilfe von Vögeln. Diese Kunst hat eine ungefähr 3500-jährige Tradition und entstand vermutlich in Zentralasien. Sie hat Felicitas nach Berlin geführt. Der Jäger Hans-Jürgen Zschuppe stellt sein Revier Marianne und Ronny für die Beizjagd auf Kaninchen zur Verfügung. Sonst sind die beiden Falkner mitten in der Stadt unterwegs. Oft werden sie von der Berliner Forstbehörde um Hilfe gebeten. Vor allem Kaninchen werden in Städten mitunter zur Plage, wenn sie sich unkontrolliert vermehren. Im Berliner Tiergarten etwa können sie mit ihren unterirdischen Bauten und Gängen durchaus Spaziergänger gefährden. Droht ein Bau einzustürzen, kann es zu Stürzen und Beinbrüchen kommen. Der Kaninchenbestand muss daher fachmännisch reguliert werden. Marianne und Ronny sind im Deutschen Falkenorden organisiert und haben jahrelange Erfahrung mit der Falkenjagd.

MARIANNE GABRIEL & RONNY KRUPP

- Sind als ausgebildete Falkner im Deutschen Falkenorden organisiert
- Üben die Kunst der Beizjagd aus
- Bejagen mit ihren Wüstenbussarden im öffentlichen Auftrag kleinere Wildtiere

Die Stars an diesem Tag tragen Federkleid: Tilda und Hannah sind Wüstenbussarde – mächtige Greifvögel mit wunderschönem Gefieder. Die Greifvogeljagd erfordert großes Vertrauen zwischen Falkner und Vogel. Beide müssen gut aufeinander eingespielt sein. Bei der Beizjagd – so wird die Greifvogeljagd genannt – geht es um Sekunden. Sobald ein Kaninchen aus dem Bau flitzt, muss der Falkner den Vogel blitzschnell loslassen, damit er das flüchtende Tier im richtigen Moment packt.

Um die Kaninchen aus dem Bau zu locken, bekommen Ronny und Marianne Unterstützung von dem Biologen Antonius und seinem auf die Jagd spezialisierten Frettchen Coco. Felicitas hilft mit, Coco in den Kaninchenbau zu schicken. Einmal drinnen, treibt es die Nager ins Freie. Coco hat Erfolg, und der Bussard Tilda schlägt zu. Zur Belohnung gibt es Wildkaninchen. Für Tilda und Hannah. Und für Felicitas!

»Ich bin so dankbar, dass ich bei der Jagd dabei sein durfte«, sagt Felicitas. »Jetzt habe ich noch mehr Respekt vor dem Wald und den Tieren, die dort leben. Und vor ihrem Fleisch, das ich mit Liebe zubereite.«

FRISCHES WILDKANINCHEN AUS DEM SCHMORTOPF MIT KARAMELLISIERTEN MARONEN

ZUTATEN

- 1 frisches Kaninchen, ausgenommen und zerteilt
- 1 Mohrrübe
- 200 g Sellerie
- 2 EL Butterschmalz
- 1 Prise Fleur de Sel
- 4 Schalotten
- 4 Scheiben geräucherter Speck
- 1 Knoblauchzehe
- 1 Zweig Rosmarin
- 1 Prise Zucker
- 1 EL Tomatenmark
- 3 cl Portwein
- 3 cl Rotwein
- 300 ml Wildfond
- 2 Lorbeerblätter
- 2 Zimtstangen
- Pimentkörner
- schwarze Pfefferkörner
- 250 g frische Maronen
- 1 Prise Zucker
- 1 EL Butter
- Salz
- 1 EL Speisestärke (optional)
- 20 ml Wasser (optional)

Zartes Fleisch, eine superwürzige Sauce – dieses Kaninchenrezept ist einfach zu kochen und unfassbar köstlich.

FÜR 4 PORTIONEN

SO GEHT'S

1. Möhre und Sellerie grob würfeln. Butterschmalz in einer Pfanne erhitzen. Kaninchenstücke dazugeben und auf allen Seiten goldfarben anbraten. Dann das Wurzelgemüse dazu, das gebraten wird, bis sich Röstaromen bilden. Alles mit Salz und Pfeffer würzen.

2. Schalotten schälen, Speck würfeln. Die Knoblauchzehe fein hacken.

3. Die angebratenen Kaninchenstücke mit dem Wurzelgemüse in einen Schmortopf geben.

4. In der noch heißen Pfanne Speck, Schalotten und Knoblauch mit dem Zweig Rosmarin goldbraun braten und mit einer Prise Zucker karamellisieren lassen.

5. Tomatenmark dazugeben, alles leicht anrösten, dann mit Port- und Rotwein ablöschen. Wildfond beigeben.

6. Die Sauce mit Lorbeerblättern, Zimtstangen und einigen Pfeffer- und Pimentkörnern aufpeppen. Und dann ab damit in den Schmortopf!

7. Ofen auf 150°C vorheizen, Schmortopf mit dem Kaninchen und dem Sud hineinstellen und 45 Minuten schmoren lassen.

8. Für die Beilage die Maronen kreuzförmig einritzen und bei 180°C im Backofen etwa 45 Minuten rösten, sie dann abkühlen lassen und schälen.

9. Etwas Zucker in der Pfanne erhitzen und 1 EL Butter dazugeben. Eine Prise Salz drüberstreuen. Maronen dazugeben und karamellisieren lassen.

10. Sobald das Kaninchen fertig ist, den Schmortopf aus dem Ofen nehmen und die karamellisierten Maronen zur Sauce geben. Wer mag, kann die Sauce mit einer Mischung aus etwas Speisestärke und Wasser leicht andicken (in dem Fall noch mal aufkochen).

11. Kaninchenstücke mit der Gemüsesauce und den Maronen anrichten.

TIPPS ZU MARONEN UND SAUCE

1 Zuerst die Maronen im Ofen rösten, dann ist er später für den Schmortopf frei.

2 Wer die Maronen nicht selber rösten mag: Im Supermarkt gibt es sie fertig gegart und abgepackt.

3 Wenn Kinder mitessen, kann der Wein auch weggelassen werden.

4 Das angeröstete Wurzelgemüse gibt der Sauce einen kräftigen Geschmack.

TIPPS ZU WILDFLEISCH

1 Am besten kauft man Wildfleisch beim Jäger seines Vertrauens.

2 Ihn kann man fragen, ob er das Wild amtlich auf Unbedenklichkeit überprüfen lässt.

3 Wildfleisch ist Nachhaltigkeit pur – die Tiere leben artgerecht in freier Wildbahn.

4 Wildbret ist vergleichsweise fettarm und reich an Mineralstoffen.

ES GIBT BIER

3 FELICITAS TRIFFT

MICHAEL KÖNIG · BIER-SOMMELIER DER BRAUWERKSTATT »MAISEL & FRIENDS« IN BAYREUTH

MARC GOEBEL · BRAUMEISTER »MAISELS & FRIENDS«

CHRISTIAN LAUE · »WESTINDIEN COMPAGNIE«, FLENSBURG

MÄLZEREI WEYERMANN · FABRIKATION FEINSTER BRAUMALZE IN BAMBERG

JÜRGEN SOLKOWSKI · BRAUMEISTER DER GASTHAUSBRAUEREI »MEIEREI IM NEUEN GARTEN«, POTSDAM

Hopfen, Hefe, Malz und Wasser: Daraus wird in Deutschland seit Jahrhunderten Bier gebraut. Früher würzten die Braumeister es hierzulande noch mit Ingwer und Kräutern. Bier ist das beliebteste alkoholische Getränk in Deutschland. Jeder Erwachsene trinkt bei uns im Schnitt 100 Liter im Jahr. Und dank der Experimentierfreude und Kreativität der jungen Craft-Beer-Szene werden auch ausgefallene Bierspezialitäten immer beliebter. Neue Kreationen mischen den Markt auf und machen das urige Getränk zum Lifestyle-Produkt.

Auf ihrer Reise zu den Bierexperten Deutschlands erfährt Felicitas, wie aus einfachen Zutaten köstliche und innovative Biere gebraut werden. Bei dem Bier-Sommelier Michael König in der Bayreuther Brauwerkstatt »Maisel & Friends« lernt sie, wie Bier auch unsere Geschmackssinne beeinflussen kann. In Bamberg lässt sie sich die Malzherstellung erläutern. Und auf dem Weg zur »Meierei«, in der feinste Berliner Weiße gebraut wird, macht sie diesmal sogar einen Abstecher übers Wasser.

Felicitas' Roadtrip zu den innovativsten Bierexperten Deutschlands ist ein abwechslungsreicher Spaß. Um die beste Berliner Weiße zu probieren, nimmt sie diesmal sogar ein Floß über die Havel.

Wo liegen die geschmacklichen Unterschiede von »Bavarian Ale«, »Dry Stout«, »Choco Porter« oder »India Ale«? Bier-Sommelier Michael König weiht Felicitas in der Brauwerkstatt »Maisel & Friends« in die Kunst des Beer-Tastings ein.

FACETTENREICH WIE WEIN

Sommelier? Den Beruf kennen wir in Verbindung mit Wein. Michael König aber ist Bier-Sommelier. Er stammt aus Franken, wo Bierkultur seit jeher großgeschrieben wird. Seinen ersten Schluck Bier fand er als kleiner Junge jedoch ziemlich bitter. Aber seit er vor ein paar Jahren die Facebook-Seite »Bier aus Franken« gründete, gilt er als einer der gefragtesten Biertester Deutschlands.

HERZSTÜCK DER CRAFT-BEER-SCHMIEDE

Felicitas ist mit Michael bei »Maisel & Friends« verabredet, einer Bayreuther Brauwerkstatt, die Bier- und Braukultur erlebbar macht. Dort weiht Michael die Foodtruckerin in die Feinheiten der Bierverkostung ein. »Maisel & Friends« braut Biere nach dem Bayerischen Reinheitsgebot und lotet mit Experimentierlust und kreativem Know-how den Facettenreichtum des Bierbrauens aus. Im Gärkeller der Brauwerkstatt lagern Holzfässer, in denen hochprozentige Bierspezialitäten mehrere Monate lang reifen. Nur durch eine Glasscheibe von der Brauwerkstatt getrennt, liegt die Gaststätte »Liebesbier«. Hier hat Michael bereits alles für die Bierverkostung vorbereitet. Mit direktem Blick auf ein 25 Hektoliter fassendes Sudwerk, das Herzstück der Craft-Beer-Schmiede, testet Felicitas unter der Anleitung des Bier-Sommeliers verschiedene Bierspezialitäten und Craft-Beer-Sorten: goldgelbe, schwarzbraune oder kupferfarbene Biere, Biere mit cremigem Schaum, Pale Ale, Hopfensud mit Bitternote, aber auch süßliche, malzaromatische Sorten. Die Vielfalt ist riesig, und Felicitas ist beeindruckt: Von Hand hergestelltes Craft-Beer hat unglaublich viele aromatische Facetten. Und die verschiedenen Sorten sind mindestens so individuell wie edler Wein.

MICHAEL KÖNIG

- Gebürtiger Franke aus der Nähe von Coburg
- Probierte bei seinem Opa den ersten Schluck Bier und fand es damals viel zu bitter
- Gründete die Facebook-Seite »Bier aus Franken« und bildete sich zum Bier-Sommelier aus
- Arbeitet eng mit »Maisel & Friends« zusammen, einer Brauwerkstatt für Craft-Beer

BIER

MAISEL & FRIENDS

KALBSZUNGE MIT BLUMENKOHLPÜREE

Zunge ist ganz feines Muskelfleisch von zartem Geschmack. Wirklich schade, dass sie ein bisschen in Vergessenheit geraten ist. Dabei ist sie nicht schwer zu kochen und passt perfekt zu feinwürzigem Bier!

ZUTATEN

- 1 Kalbszunge
- ¼ Sellerieknolle
- ½ Stange Lauch
- 2 große Möhren
- 2 Schalotten
- 3 Lorbeerblätter
- 3 Pimentkörner
- einige schwarze Pfefferkörner
- Salz
- 1 Blumenkohl
- 200 ml Sahne
- 2 EL Butter
- Salz, schwarzer Pfeffer, Muskatnuss
- 50 g Mehl
- Öl zum Braten
- 1 EL Butter

SO GEHT'S

1. Für die Kalbszunge zunächst den Sud ansetzen: Sellerie, Lauch, Möhren und Schalotten in gröbere Stücke schneiden, in einem großen Topf mit 2 l Wasser aufgießen, mit Lorbeer, Piment, Pfefferkörnern und Salz würzen und zum Kochen bringen.
2. Zunge unter fließendem Wasser abspülen und trocken tupfen.
3. Zunge in die Brühe geben und eine gute Stunde köcheln lassen.
4. Die Zunge ist gar, wenn man mit einer Gabel hineinstechen kann und sich die Haut ablösen lässt. Zunge aus der Brühe nehmen, Haut abziehen, Zunge warm stellen.
5. In der Zwischenzeit die Blätter vom Blumenkohl entfernen. Blumenkohl in gleichmäßig große Röschen zerteilen und in einen Topf geben. Die Hälfte der Sahne mit so viel Wasser dazugeben, bis der Blumenkohl fast bedeckt ist. Salzen und zum Kochen bringen.
6. 2 EL Butter in einem Topf zerlassen und leicht braun werden lassen. Wenn der Blumenkohl gar ist, das Wasser abgießen. Anschließend die braune Butter und die restliche Sahne hinzufügen. Mit Salz, Pfeffer und Muskatnuss abschmecken.
7. Blumenkohl pürieren und warmstellen.
8. Die warme Zunge in dünne Scheiben schneiden.
9. Butter und Öl in einer Pfanne erhitzen.
10. Zungenscheiben in Mehl wenden und auf beiden Seiten in der Butter-Öl-Mischung kurz braten. Salzen und pfeffern
11. Gebratene Zungenscheiben mit Blumenkohlpüree und Apfel-Kapern-Topping servieren.

FÜR 4 PORTIONEN

TIPPS ZU KALBSZUNGE

1 Die Zunge ist gar, wenn man mit einer Gabel leicht hineinstechen kann.

2 Zunge nach dem Kochen kurz kalt abschrecken – dann löst sich die Haut leichter.

3 Falls etwas von der Zunge übrigbleibt, dünn aufschneiden und zu Brot oder Salat genießen.

4 Topping: Der Zitronensaft verhindert, dass die Äpfel nach dem Schneiden braun werden.

ZUTATEN

- 1–2 Elstar-Äpfel (je nach Größe)
- Saft von 1 Zitrone
- 1 kleines Glas Kapern
- 1 kleines Bund krause Petersilie
- 1 Schalotte
- ein Schuss Olivenöl
- Salz; schwarzer Pfeffer, frisch gemahlen

APFEL-KAPERN-TOPPING

SO GEHT'S

1. Äpfel vierteln, Kerngehäuse entfernen, fein würfeln und mit Zitronensaft beträufeln.
2. Kapern und krause Petersilie grob hacken.
3. Schalotte fein würfeln.
4. Alles mischen und mit Olivenöl, Salz, Pfeffer sowie einem Spritzer Zitronensaft abschmecken.

HOPFEN AUS DEM HOHEN NORDEN

Hopfen – das grüne Gold. Der Großteil des deutschen Hopfens wird in der bayerischen Hallertau produziert. Die Landschaft ist sogar das größte Hopfenanbaugebiet der Welt. Das kleinste Hopfenanbaugebiet Deutschlands liegt dagegen im hohen Norden auf der Nordseeinsel Sylt. Auf einer kleinen Plantage wird hier »Sylter Hopfen« angebaut. »Das besondere Klima der Insel wirkt sich auf den Hopfen aus, und das spiegelt sich auch im späteren Bier wieder«, erklärt Braumeister Christian Laue. Damit Hopfen wachsen kann, muss er viel Feuchtigkeit bekommen. Beim Ernten jedoch darf er nicht feucht sein, so dass Fingerspitzengefühl für den richtigen Ernte-Zeitpunkt unverzichtbar ist. Selbstverständlich ist hier auch die Ernte Handarbeit.

An den Strängen der Hopfenpflanzen wachsen die Dolden. Sie geben dem Bier ihr eigenes Aroma und den typisch herben Geschmack. Außerdem erhöht Hopfen die Haltbarkeit des Bieres.

Hopfen kommt nicht nur aus der Hallertau. Sondern auch aus Keitum auf Sylt!

VOM KORN ZUM MALZ

Zum Bierbrauen braucht man Getreide. Gerste ist hierzulande am beliebtesten. Aber auch Roggen, Dinkel, Weizen oder Mais werden gern genommen, vor allem für Spezialbiere. Doch damit es zum Brauen verwendet werden kann, muss das Getreide erst einmal vorbereitet werden. Diesen Vorgang nennt man Mälzen. Dabei wird aus Getreidekörnern Malz. In der Bamberger Malzfabrik Weyermann kann man auf eine Unternehmensgeschichte verweisen, die bis ins 19. Jahrhundert zurückreicht. Heute stellen hier 190 Mitarbeiter, darunter erfahrene Braumeister und Brauingenieure, unterschiedliche Brau- und Röstmalze her. Diese verleihen dem Bier beim Brauen seine charakteristische Farbe und sein spezifisches Aroma.

KEIMEN, DARREN, SCHROTEN

Bei ihrem Besuch in der Malzfabrik lernt Felicitas die einzelnen Arbeitsgänge des Mälzens kennen. Getreide wird dafür zunächst einmal in Wasser eingeweicht. Es beginnt zu keimen, und im Inneren des Getreidekorns bilden sich Enzyme, die für den späteren Brauvorgang entscheidend sind. Nach dem Keimen wird das Getreide getrocknet, eine Technik, die im Fachjargon »darren« heißt. Je nach Dauer und Temperatur des Darrens nimmt das Getreide dabei eine unterschiedliche Färbung an. Sie prägt den späteren Farbton des Biers. Das gedarrte Malz wird geschrotet und kann anschließend zum Brauen verwendet werden. Während des Brauens aktivieren sich die durchs Keimen gebildeten Enzyme. Sie wandeln die im Malz enthaltene Stärke in vergärbaren und nicht vergärbaren Zucker um. Die dezent süßliche Note, die für manche Biere so charakteristisch ist, verdankt sich also zu einem nicht geringen Teil dem Malz.

MALZFABRIK WEYERMANN

- Bamberger Malzfabrik in Familienbesitz
- Die Gründung des Unternehmens geht bis ins Jahr 1879 zurück.
- Hier werden Brau- und Röst-Malze nach alter Handwerkstradition hergestellt.
- Verwendet wird dabei ausschließlich gentechnikfreies Getreide aus deutschem Anbau.

An einem lauen Altweibersommertag macht sich Felicitas mit ihrem Floß auf den Weg, vorbei an der Glienicker Brücke. Gleich trifft sie Jürgen Solkowski, den Retter der originalen Berliner Weiße, auch »Champagner des Nordens« genannt.

»CHAMPAGNER DES NORDENS«

JÜRGEN SOLKOWKSI

- Braumeister und Gastwirt der Gasthausbrauerei »Meierei im Neuen Garten« in Potsdam
- Läutete mit seinem Kollegen Manfred Strauß die Renaissance der Berliner Weiße ein
- Rekonstruierte das Original mit Hilfe alter Weißbier-Hefestämme lokaler Brauereien
- Füllt seine Berliner Weiße in Champagnerflaschen mit Naturkorken ab

Heute kommt die Felicitas mal ohne ihren Foodtruck, stattdessen mit einem Floß! Sie schippert über die Havel, um in Potsdam an der Gasthausbrauerei »Meierei im Neuen Garten« anzulegen. Dort trifft sie den Braumeister und Gastwirt Jürgen Solkowski, der für seine köstliche Berliner Weiße bekannt ist. Das Lieblingsgetränk der Berliner hat eine lange Tradition. Schon um 1800 gab es mehrere 100 Lokale im Großraum Berlin, die die Berliner Weiße ausschenkten. Damals wurde das Getränk, ähnlich wie Champagner, in Flaschen vergoren. Weil die beim Ausschenken unter hohem Druck stehen, benutzte man zum Trinken Gläser mit einem breiten Kelchdurchmesser, damit das schäumende Getränk nicht überlief. In den »Goldenen Zwanzigern« besuchten immer häufiger auch Frauen die öffentlichen Lokale. So kamen die Wirte auf die Idee, den Damen das bittere Weißbier mit einem Schuss Himbeer- oder Waldmeister-Sirup schmackhaft zu machen. Die Berliner Weiße mit Schuss war geboren!

RETTUNGSAKTION FÜR HEFESTÄMME

Nach dem Zweiten Weltkrieg geriet das Rezept der Original Berliner Weiße in Vergessenheit. Doch Mitte der 1980er-Jahre begannen kleinere Brauereien, die alte Biersortenvielfalt wiederzubeleben. Damals machte sich auch Braumeister Jürgen Solkowski mit seinem Kollegen Manfred Strauß daran, das originale Rezept wieder nachzuempfinden. Das war nicht einfach, weil die alten Hefestämme nicht mehr existierten. Doch mit viel Nachforschen und dank der Unterstützung lokaler Brauereien konnten die beiden einige ältere Hefestämme retten und in einer Hefe-Bank kultivieren. 2004 brauten sie die ersten Varianten ihrer Berliner Weiße in der renovierten »Meierei im Neuen Garten« in Potsdam. Heute füllt Jürgen das beliebte Getränk wieder nach traditioneller Art in Champagnerflaschen ab. Und damit pflegt er eine ehrwürdige Tradition: Schon die Berliner Hugenotten nannten den perlenden Drink im 19. Jahrhundert »Champagner des Nordens«.

Huckleberrys
Flossstationen.de
Hal Clayton

FÜR 4 PORTIONEN

OBAZDA

ZUTATEN

- 200 g reifer Camembert
- 100 g Limburger
- 50 g weiche Butter
- ½ TL Cayennepfeffer
- 1 TL Paprikapulver
- ½ TL Kümmel
- 1 Schalotte
- 4–6 cl Bier (traditionell Weißbier; hier: Berliner Weiße)
- Salz; schwarzer Pfeffer, frisch gemahlen
- 1 EL Schnittlauchröllchen

SO GEHT'S

1. Käsesorten, Butter, Cayennepfeffer und Paprika in eine Schüssel geben und mit einer Gabel zerdrücken.
2. Kümmelsamen grob hacken, Schalotte fein würfeln.
3. Alles miteinander mischen, mit Bier, Salz und Pfeffer abschmecken und mit den Schnittlauchröllchen garnieren.

TIPPS ZU OBAZDA

1 Je reifer der Käse, desto aromatischer.

2 Alle Zutaten sollten Zimmertemperatur haben.

GEBACKENE WEISSWURST

ZUTATEN

- 3 Weißwürste
- 100 g Mehl (Typ 405)
- 50 g Pankomehl
- 1 Ei
- Salz; schwarzer Pfeffer, frisch gemahlen
- Abrieb von 1 Bio-Zitrone
- neutrales Öl

SO GEHT'S

1. Weißwürste der Länge nach einritzen und die Haut abziehen. Dann in schräge Scheiben schneiden.
2. Mehl und Pankomehl in je eine flache Schüssel oder einen tiefen Teller schütten. In einem dritten Teller das Ei verquirlen und mit Salz, Pfeffer und Zitronenschale-Abrieb würzen.
3. Weißwurstscheiben erst in Mehl, dann in Ei und schließlich in Pankomehl panieren.
4. Öl in einer Pfanne erhitzen und die panierten Weißwurstscheiben frittieren. Sobald sie goldbraun sind, sind sie fertig.

TIPPS ZU PANKO

1 Panko ist ein asiatisches Paniermehl aus rindenlosem Toastbrot.

2 Man bekommt es in Asia-Läden oder gut sortieren Supermärkten.

3 Aufgrund seiner gröberen Textur wird es beim Frittieren deutlich knuspriger als herkömmliches Paniermehl.

FÜR 4 PORTIONEN

RADIESCHEN-SALAT

FÜR 2 PORTIONEN

ZUTATEN

- 8 Radieschen
- 7 Cornichons
- 1 kleines Bund krause Petersilie
- 1 Schalotte
- 2 EL neutrales Öl
- ½ Bio-Zitrone
- Salz; schwarzer Pfeffer, frisch gemahlen
- Zucker

SO GEHT'S

1. Radieschen und Cornichons in feine Scheiben schneiden.
2. Petersilie fein hacken.
3. Schalotte in feine Ringe schneiden.
4. Alles mit Öl und dem Saft einer halben Zitrone vermischen und mit Salz, Pfeffer und einer Prise Zucker abschmecken.

Ein tolles Begleitessen zum Bier kann man immer und überall zubereiten. Felicitas »pimpt« drei schnelle Klassiker, easy und hip – und natürlich unglaublich lecker!

ES GIBT AMERICAN BBQ

4

FELICITAS TRIFFT

ANNE UND ALEXANDER LEICHTENSTERN · ZÜCHTER VON BIO-TEXAS-LONGHORNS

FALK NORRIS · SPEZIALIST FÜR DAS SMOKEN IM ORIGINAL AMERICAN RÄUCHEROFEN

RALF JAKUMEIT · »ROCKING CHEF« UND BESITZER EINER SAGENHAFTEN BBQ-HYDRA

American Barbecue ist mehr als Grillen: Es ist eine Kunst, für die man exaktes Timing, hervorragende Zutaten und Fingerspitzengefühl braucht. Ebenso jede Menge Know-how über die individuelle Beschaffenheit von Fleisch, Fisch und Meeresfrüchten und die unterschiedlichen Qualitäten von Holz und Holzkohlearten. Und man braucht ein Händchen fürs Räuchern! Auf ihrem Roadtrip zu den besten BBQ-Spezialisten Deutschlands trifft Felicitas Menschen, die für diese Kunst glühen. Und genau wissen, was für ein perfektes Grill-Erlebnis unabdingbar ist: Liebe und Geduld.
Felicitas besucht Anne und Alexander Leichtenstern, die in der Oberpfalz Europas größte Zucht von Bio-Texas-Longhorns auf die Beine gestellt haben. Bei Ralf Jakumeit, dem Kopf der »Rocking Chefs«, zähmt sie die sagenhafte BBQ-Hydra, einen Monstergrill der Luxusklasse. Und bei Falk Norris in Nürnberg lernt sie das Geheimnis eines echten Südstaaten-Barbecues kennen: Let it smoke, Baby!

Ralf Jakumeit und Felicitas mit dem noch rohen Tomahawak Steak. Gleich kommt es auf den Grill.

Kitchen

PRÄRIE-FEELING IN DER OBERPFALZ

Weiter Horizont, saftiges Weidegras, Auslauf und Freiheit. Wüsste man nicht, dass die Texas-Longhorn-Rinder von Anne und Alexander Leichtenstern in der Oberpfalz leben, könnte man glatt meinen, sie stünden in der Prärie. Ein Cowboy-Feeling stellt sich tatsächlich ein, wenn man die rund 70 Longhorns auf ihrer Weide besucht. Allein ihre mächtigen Hörner haben eine Spannweite von bis zu zwei Metern. Doch anders als so manch wild gewordener Bulle in der texanischen Steppe, haben die Longhorns der Leichtensterns die Ruhe weg. Das liegt nicht nur an ihrem gutmütigen Naturell, sondern auch an der liebevollen Haltung. Anne und Alexander geben auf ihrer bio-zertifizierten Ranch den Tieren alles, was sie für ein gutes Leben brauchen: einen luftigen Offenstall inmitten großer Weiden, Mutterkuhhaltung und Bio-Futter.

EIN TRAUM WIRD WAHR

»Wenn man für eine Sache richtig brennt, schafft man es auch, sie zu verwirklichen«, sagt Anne und fasst damit die erstaunliche Erfolgsgeschichte ihrer Ranch zusammen. Als Anne und Alexander sich vor über 15 Jahren trafen, teilten sie die Begeisterung für den Wilden Westen, den Cowboy-Mythos, gute authentische Lebensmittel und die Philosophie der Nachhaltigkeit. Der gelernte Bäcker Alexander und Anne, die damals noch im öffentlichen Dienst tätig war, beschlossen, sich ihren Traum zu erfüllen. Viel Idealismus und über zwei Jahre harte Arbeit und Geduld waren nötig, bis die ersten direkt importierten und zertifizierten Texas Longhorns im Jahr 2011 bei den Leichtensterns ein neues Zuhause fanden. Heute ist ihre Zucht die größte ihrer Art in Europa und hat unter Fleischkennern einen hervorragenden Ruf. Spitzenköche wie Alexander Herrmann beziehen das Fleisch für ihre Sterneküche von den Leichtensterns.

Auch Felicitas überzeugt sich bei ihrem Besuch auf der Ranch von den außergewöhnlichen Eigenschaften der Texas Longhorns. Ihr Fleisch hat vergleichsweise niedrige Cholesterin- und Fettgehalte. Die Tiere sind langlebig und robust und können auf der Weide gutes Muskelfleisch ausbilden. Perfekt für Felicitas' Burger Patties und krosse Buns. Yeehaw!

ANNE & ALEXANDER LEICHTENSTERN

- Betreiben in der Oberpfalz die größte Texas-Longhorn-Zucht Europas.
- Die ersten Texas Longhorns holten sie 2011 mit dem Flugzeug aus Kanada.
- Ihre Zucht wächst kontinuierlich: Gut 70 Rinder stehen heute auf ihrer Ranch.
- Die Tiere leben stressfrei und bekommen Bio-Gras und Heu als Futter.

Auf der Weide erfährt Felicitas alles über artgerechte Zucht und Haltung von Texas Longhorns.

FÜR 4 BURGER

DER PERFEKTE BURGER

ZUTATEN

- 600 g Bio-Rinderhack
- Salz, frischer Pfeffer gemahlen
- ⅓ Salatgurke
- 1 EL heller Essig; ½ TL Zucker
- 4 dickere Scheiben junger Bergkäse
- 8 Baconstreifen
- 4 Burger Buns
- Erdnussbutter zum Bestreichen
- Zwiebelringe, frisch geschnitten
- Salatblätter nach Belieben

SO GEHT'S

1. Bio-Rinderhack mit Salz und Pfeffer würzen und gut durchmischen.
2. 4 Burger Patties daraus formen.
3. In der Zwischenzeit den Bacon auf dem Grill knusprig braten.
4. Burger Patties auf den Grill legen.
5. Gurke in feine Scheiben schneiden und mit Salz, Essig und Zucker kurz marinieren.
6. Sobald die Patties auf beiden Seiten knusprig sind, je eine Käsescheibe drauflegen.
7. Buns auf der Innenseite angrillen, dann mit Erdnussbutter bestreichen.
8. Gegrillte Burger Patties auf die Buns legen, mit je zwei Baconstreifen und nach Belieben mit Gürkchen, Zwiebelringen und Salatblättern belegen. Dazu gibt's BBQ-Sauce!

BBQ SAUCE

FÜR 4 BURGER

Anne und Alexander brennen auf ihrem Hof auch fantastischen Whisky. Klar muss man den mal probieren! Mit dem flüssigen Gold wird dann gleich noch eine raffinierte Sauce zum Burger kreiert.

ZUTATEN

- 3 Schalotten
- 1 Knoblauchzehe
- 3 EL neutrales Speiseöl
- 4 EL Tomatenmark
- 150 g Apfelmus aus dem Glas
- 2 EL Balsamico
- 150 ml Gemüsebrühe
- 1 gute Prise Zimt
- 1 gute Prise geräuchertes Paprikapulver
- ½ TL Curry
- 1 gute Prise Cayennepfeffer
- Salz, schwarzer Pfeffer, frisch gemahlen
- 1 Lorbeerblatt
- 2–4 cl Whisky

SO GEHT'S

1. Schalotten und Knoblauch schälen und in feine Würfel schneiden.
2. Zwiebel- und Knoblauchwürfel mit Öl in einem Topf anbraten.
3. Tomatenmark, Apfelmus und Balsamico dazu geben.
4. Alles bis zum gewünschten Flüssigkeitsgrad der Sauce mit der Gemüsebrühe auffüllen.
5. Mit Zimt, Paprikapulver, Curry, Cayennepfeffer, Salz, Pfeffer und Lorbeer würzen.
6. Sauce ca. 10 Min. köcheln lassen.
7. Lorbeerblatt aus der Sauce entfernen.
8. Einen Schuss Whisky hinzugeben und die Sauce fein pürieren.

TIPPS ZU BURGER

1 Ich forme die Patties immer ein wenig größer als den Durchmesser der Buns. So passen sie nach dem Grillen genau darauf.

2 Junger Bergkäse schmilzt leichter und schneller als älterer Bergkäse.

3 Die Salatgurken im Burger kann man auch durch saure Gurken aus dem Glas ersetzen.

MARSHMALLOWS

ZUTATEN

- 1 gehäufter EL + 300 g gesiebter Puderzucker
- 2 gehäufte EL Speisestärke
- 1 TL neutrales Öl für die Form
- 2 Päckchen gemahlene Gelatine à 9 g
- 1 Prise Salz
- 1 Vanilleschote
- 180 ml Wasser

FÜR 6 – 8 PERSONEN

SO GEHT'S

1 Zuerst eine Auflaufform vorbereiten, damit die Masse nicht festklebt: Dafür 1 EL Puderzucker mit der Speisestärke in einer Schüssel mischen. Die Form sehr dünn mit Öl bestreichen und den Boden dünn mit der Stärkemischung bestäuben. Das geht am besten mit einem Sieb. Den Rest der Stärkemischung aufheben.

2 Für die Marshmallow-Masse Gelatine, Salz und das Mark der Vanilleschote in einem Topf mit dem Wasser verrühren. 5 Minuten quellen lassen, dann den Topf vorsichtig erhitzen (handwarm) und beiseitestellen. In der Zwischenzeit 300 g Puderzucker in eine Rührschüssel sieben.

3 Nun die Gelatine-Flüssigkeit unter Rühren zum Puderzucker geben und fünf Minuten luftig aufgeschlagen bis eine lockere Creme entstanden ist.

4 Die Masse in die vorbereitete Form füllen, glattstreichen und mit Frischhaltefolie bedecken. Mindestens 4 Stunden ruhen lassen bis sie fest ist.

5 Nach dem Aushärten die Masse dünn mit der restlichen Stärkemischung bestäuben, vom Rand lösen und stürzen. Anschließend Marshmallows ausschneiden oder ausstechen.

Felicitas erfährt, mit welchem Holz Falk Norris seinen Grill heizt.

BARBECUE HEAVEN

Mitten in Franken, der Heimatregion der Nürnberger Bratwurst, muss sich einfach jeder, für den Gegrilltes mehr ist als nur irgendeine Mahlzeit unter anderen, sofort heimisch fühlen. Egal, woher er stammt. Falk kommt aus den USA. Dort wird Barbecue ganz großgeschrieben. Auch und vor allem im Mittleren Westen. Man versteht darunter nicht einfach nur Grillen. Sondern die Kunst des langsamen Garens über offenem Feuer. Auch das Räuchern gehört dazu. Darin ist Falk Experte. Gut, dass er vor ein paar Jahren die Neue Welt verließ, um mit seiner Frau Karin in Nürnberg etwas aufzuziehen, was man so hierzulande noch nicht kannte: »Boogie's BBQ«, ein traditionelles American Smokehouse, wie man es im Mittleren Westen überall am Straßenrand findet. Mehr Imbiss als Restaurant, unkompliziert und relaxed. Hier gibt es Blues auf die Ohren und hausgemachte Burger-Saucen – die perfekte Bühne für Falks amerikanische, das Heiligtum des echten Südstaaten-Barbecue!

Wie man Fleisch richtig smoked, hat Falk in St. Louis in Missouri gelernt. Bis zu 24 Stunden räuchert er in seinen Smokern Stücke von der Rinderbrust, Rippchen oder Schweineschulter bei Niedrigtemperatur im mildwürzigen Rauch von Kirsch- und Apfelholz. Falk zeigt Felicitas, wie in seiner amerikanischen Heimat vor dem Smoken die Fleischstücke mariniert werden. Aus den Südstaaten hat er Rezepte für Dry Rubs und Mustard Sauce mitgebracht. Unter Falks Anleitung schneidet Felicitas ein Schulterstück vom Schwein mit einem Messer ein und massiert die Marinade mit viel Fingerspitzengefühl ins Fleisch. Als Falk es 22 Stunden später aus dem Smoker holt, ist es dermaßen zart, dass es vom Knochen fällt – himmlisch!

FALK NORRIS

- Fränkischer Amerikaner, lebt mit seiner Frau Karin seit 2013 in Nürnberg
- War in den USA viele Jahre im Hotel- und Gastgewerbe tätig
- Betreibt in Nürnberg »Boogie's BBQ«, ein traditionelles American Style Smokehouse
- Räuchert das Fleisch in amerikanischen Smokern bei Niedrigtemperatur slow and low

GOLDGELBE BRIOCHE BUNS

Locker, luftig, lecker und mit Kurkuma und Schwarzkümmel auch noch echt was fürs Auge! Jetzt heißt es nur noch: Ran an den Grill und die Buns nach Lust und Laune mit Burger und Beilagen belegen. Yummy!

ZUTATEN

- ⅔ Würfel Frischhefe
- 150 ml + 2 EL lauwarmes Wasser
- 2 EL Zucker
- 550 g Mehl
- 200 ml lauwarme Milch
- 2 gehäufte TL Salz
- 1 TL Kurkuma
- 80 g weiche Butter
- 1 Ei
- 2 EL Schwarzkümmel
- 1 ofenfeste Schale, mit Wasser gefüllt

FÜR 10 BRIOCHE BUNS

SO GEHT'S

1. Hefe in einer Schüssel zerbröseln. Lauwarmes Wasser und Zucker hinzufügen. 2 EL Mehl dazugeben, kräftig verrühren. Weitere 100 g Mehl untermischen.
2. Den Vorteig 15 Minuten gehen lassen.
3. Anschließend das restliche Mehl, lauwarme Milch, lauwarmes Wasser, Salz und Kurkuma zum Vorteig geben und mit den Knethaken des Rührgeräts gut durchmischen.
4. Die weiche Butter und das Ei dazugeben und den Teig kräftig weiterkneten.
5. Sobald sich der Teig vom Boden der Schüssel löst, die Schüssel mit einem feuchten Tuch oder Küchenfolie abdecken und den Teig an einem warmen Platz 1 Stunde gehen lassen.
6. Nach 60 Minuten sollte sich das Volumen des Teigs fast verdoppelt haben.
7. Aus dem Teig sechs Buns formen und diese erneut eine Viertelstunde gehen lassen. Die Teigkugeln mit etwas warmem Wasser beträufeln, im Schwarzkümmel wälzen und mit genügend Abstand zueinander auf ein Backblech legen.
8. Nach weiteren 20 Minuten Gehzeit kommen die Buns bei 150°C für 30 bis 35 Minuten in den Ofen. Eine mit Wasser gefüllte Schale auf den Boden des Ofens stellen.
9. Sobald sie fertig sind, die Buns aus dem Ofen nehmen und abkühlen lassen.
10. Und jetzt nach Belieben befüllen, z. B. mit Pulled Pork.

TIPPS ZU HEFETEIG

1. Um aufzugehen, braucht Hefeteig Wärme. Ein leicht sonniger Platz in der Küche ist dafür perfekt.
2. Zugluft mag Hefeteig nicht! Daher: Fenster zu!
3. Das zweite Mal Gehen ist ebenfalls wichtig: Die Buns werden dadurch schön fluffig.
4. Sie schmecken nicht nur zum Burger, sondern auch toll zum Pulled Pork.

TIPPS ZU BUNS

1. Frische Hefe ist aktiver als trockene. Der Bun-Teig geht damit schneller und besser auf.
2. Beim Hantieren mit Kurkuma vorsichtig sein: Aus der Kleidung kriegt man die Farbe nur schwer raus.
3. Zum Toppen mag ich Schwarzkümmel lieber als Sesam, weil er intensiver schmeckt.
4. Die Wasserschale im Ofen sorgt beim Backen dafür, dass die Buns schön fluffig werden.

MAISKOLBEN MEXIKANISCHER ART

ZUTATEN

6 gegrillte Maiskolben

1 Bund frischer Koriander

100 g geröstete, gesalzene Erdnüsse

200 g Crème fraîche

Chilipulver, Salz

Abrieb 1 Bio-Limette

2 Knoblauchzehen

FÜR 6 PORTIONEN

Kein echtes American Barbecue ohne Maiskolben! Diese hier sind die Super-Crunchy-Variante – doppelt knackig durch eine Schicht Erdnüsse und gehackten Koriander.

SO GEHT'S

1. Den Koriander und die gerösteten Erdnüsse hacken.
2. Crème fraîche mit Salz, Chilipulver und dem Abrieb einer Limette glattrühren.
3. Knoblauchzehen zerdrücken und in die Crème geben.
4. Die gegrillten Maiskolben mit der Crème bestreichen und in der Nuss-Koriander-Mischung wälzen – fertig ist die perfekte Beilage zu Felicitas' rauchiger Grillspezialität im soften Brioche Bun!

ROCK DIE HYDRA!

Ralf Jakumeit kann man sich super als Bandleader vorstellen: Präsenz, Charisma, Message – alles da. Jakumeit ist gelernter Koch. 2008 gab er den Kochlöffel als Küchenchef ab und gründete mit Kollegen die »Rocking Chefs«. Gemeinsam touren sie durch Deutschland und den Rest von Europa und begeistern Genießer mit kulinarischen Gigs. Als Koch mit Musik im Blut weiß Ralf, worauf es beim perfekten Barbecue ankommt: Das Timing muss stimmen. Die »Instrumente« müssen vom Feinsten sein. Und bei den »Grundnoten« bitte keine Kompromisse!

»Lieber einmal die Woche ein gutes Stück Fleisch als sieben Tage industrielle Plörre«, erklärt er Felicitas und reibt ein perfekt gereiftes, 1,7 Kilo schweres Tomahawk Steak mit Knoblauch, Biersalz und Rosmarin ein. Felicitas besucht Ralf in seinem Garten. Dort steht eine Sensation. Der vermutlich außergewöhnlichste Outdoor-Holzkohlegrill des Landes: eine BBQ-Hydra aus Edelstahl, vom Designer Antonio Basile in über 1000-stündiger Handarbeit gefertigt. Ein Schwenkgrill, der sich millimetergenau justieren lässt, um jedes Stück so individuell zu garen, wie es die Beschaffenheit des Fleisches erfordert. »Ich habe in die Hydra investiert, weil sie Herd, Backofen und Plancha in einem ist. Ich kann alles darauf machen: grillen, garen, räuchern.«

BBQ – GANZ ANDERS

Hydra heißt der Supergrill nach dem schlangenartigen und vielköpfigen Ungeheuer in der antiken griechischen Mythologie. Ralf hat die Macht ihres Feuers wie ein Dompteur im Griff. Er weiß genau, an welcher Stelle des Grills er welches Fleischstück wie lange garen muss, damit es optimal wird. Felicitas lernt von ihm, wie man den Fettrand eines Tomahawk Steaks auf der 300°C heißen Plancha (glatte Grillplatte) perfekt karamellisieren lässt. Zusammen nehmen sie die fangfrischen Kalmare aus, die ein befreundeter Kollege von Ralf im Atlantik geangelt hat. Zum Schluss kommt noch ein Secreto – ein Muskel im Schweinerücken, der mit dem traditionellen Iberico-Fleischschnitt herausgelöst wird – auf den Rand der glühend heißen Plancha. Deluxe Barbecue!

RALF JAKUMEIT

- Ausgebildeter Koch und Gründer der »Rocking Chefs«
- Sein Kochstil: »Mediterrasisch mit bajuwarischem Einschlag«
- Geht mit seinen »Rocking Chefs« in ganz Europa für Koch- und Grill-Events auf Tour
- Stolzer Besitzer einer BBQ-Hydra

»Mit Ralf an diesem außergewöhnlichen Supergrill zu stehen und das Tomahawk Steak und den geangelten Kalmar zu grillen, war wunderschön«, schwärmt Felicitas. Am liebsten wäre sie länger geblieben.

RALF JAKUMEITS ULTIMATIVER PROFI-TIPP

»Geduld ist die höchste Tugend beim Grillen. Ein gutes Steak sollte während des Garens nur ein einziges Mal gewendet werden. Ich lege es erst auf die Plancha oder den Rost, wenn die nötige Hitze erreicht ist (circa 300°C).«

Ein Tomahawk Steak sieht aus wie das Kriegsbeil der Indianer, daher sein Name. Aber kann es etwas Friedfertigeres geben als ein saftig gegrilltes Stück Fleisch, das sich alle brüderlich teilen?

TIPPS ZU SURF 'N' TURF

1. Der Kokosblütenzucker verleiht dem Fleisch eine schöne, karamellisierte Kruste.
2. Bei der Zubereitung der Kalmare spielt das Alter eine entscheidende Rolle: Ausgewachsene Kalmare sollten vor dem Grillen weich gekocht werden. Zarte, junge Kalmare dürfen roh auf den Rost.
3. Wer's scharf mag, hackt die Chilischoten mit den Kernen. Milder wird der Salat, wenn man die Kerne der Schoten vor dem Schneiden entfernt.

Ohne Fisch wäre Ralfs und Felicitas' »Meat and Greet« natürlich kein richtiges Surf 'n' Turf. Deshalb kommt heute noch ein frisch geangelter Kalmar in den Salat, sanft gegrillt und mega zart.

Der zitronig-mediterrane Mix aus Bohnen, Tomaten und zart gegrilltem Kalmar ist ein sommerliches Allround-Gericht und die perfekte Ergänzung zu Ralf Jakumeits saftigem Tomahawk Steak!

SURF 'N' TURF MIT GEGRILLTEM SECRETO, TOMAHAWK STEAK UND KALMAR-SALAT

ZUTATEN

- 1 Tomahawk Steak à 1,7 Kilo
- je 4 Zweige Thymian und Rosmarin
- Meersalz
- schwarzer Pfeffer, frisch gemahlen
- 300 g Secreto (Rückenmuskel vom Schwein)
- 3 EL Kokosblütenzucker
- 4 Kalmare aus Wildfang
- 1 TL neutrales Öl zum Grillen
- 2 Schalotten
- 2 Knoblauchzehen
- 2 rote Chilischoten
- 1–2 EL Fischsauce
- 2 EL mildes Olivenöl
- Saft ½ Zitrone
- 200 g rote und gelbe Cherrytomaten
- 1 kleines Bund glatte Petersilie
- 200 g weiße Bohnen aus der Dose (abgetropft)

FÜR 4 PORTIONEN

SO GEHT'S

1. Thymian und Rosmarin hacken.
2. Tomahawk Steak auf allen Seiten salzen, pfeffern und mit den gehackten Kräutern bestreuen. Das Secreto ebenfalls salzen und pfeffern.
3. Anschließend beide Fleischstücke mit Kokosblütenzucker einreiben.
4. Kalmare ausnehmen und putzen. Dazu die Tentakel und das Rückgrat durch leichtes Ziehen entfernen. Den Schnabel ebenfalls herausziehen. Hierbei darauf achten, dass die Tintendrüse nicht beschädigt wird. Das Fleisch hinter den Augen abschneiden und die Tube der Kalmare abwaschen und trocken tupfen.
5. Die Fettseite des Tomahawk Steaks ohne Öl auf der Plancha oder dem Grillrost scharf anbraten. Sobald das Fett karamellisiert, Steak von beiden Seiten je circa 4–5 Minuten grillen.
6. Die Kalmare mit wenig Öl ebenfalls auf der Plancha von beiden Seiten ca. 1 Minute grillen und für den Salat beiseitestellen.
7. Nun das Tomahawk Steak auf einer höheren Ebene des Grills bei geringerer Hitze 20–30 Minuten garen.
8. Inzwischen den Salat vorbereiten. Hierfür Schalotten, Knoblauch und Chilischoten in feine Scheiben schneiden und mit Fischsauce, Olivenöl und Zitronensaft mischen.
9. Die gegarten Kalmare in schmale Streifen schneiden und mit dem Dressing vermengen. Mit Salz und Pfeffer abschmecken.
10. Tomaten vierteln, Petersilie fein hacken und zusammen mit den weißen Bohnen unter die Kalmare heben.
11. Kurz vor dem Ende der Garzeit fürs Tomahawk Steak das Secreto auf der Plancha von beiden Seiten circa 2–3 Minuten grillen.
12. Tomahawk Steak und Secreto in Streifen schneiden und mit dem Salat genießen.

ES GIBT FISCH

5

FELICITAS TRIFFT

STEFFEN SCHNORRENBERG · FISCHER AUF RÜGEN

YORK DICKERHOFF · BIO-GARNELENZÜCHTER

SUSANNE UND MATTHIAS ENGELS · STÖRZÜCHTER UND KAVIARPRODUZENTEN

Ob frittiert, geräuchert, gebraten oder gegrillt: Fisch schmeckt uns Deutschen. 15 Kilo genießen wir davon jährlich pro Kopf. Lachs, Thunfisch, Hering und Forelle am liebsten. Schade nur, dass fast 90 Prozent unseres Fisches Importware ist. Von Fangflotten in internationalen Gewässern gefischt, legt er tiefgefroren Tausende Kilometer zurück, bis er bei uns ankommt.

Doch es geht auch anders. Auf Hamburgs Fischmarkt zum Beispiel treffen sich jeden Sonntag 70.000 Besucher. Woher kommt der Fisch, der hier verkauft wird? Aus der Nordsee und Ostsee? Oder von Fischzüchtern aus der Region? Die Foodtruckerin macht sich auf den Weg zu den Ursprüngen und trifft den Kutterfischer Steffen auf Rügen, lernt die Vorzüge ökologischer Garnelenzucht in Mecklenburg kennen und erfährt bei Matthias und Susanne Engels, dass ausgezeichneter Kaviar und Stör auch aus Deutschland kommen können!

VOM MEER AUF DEN TISCH

Fisch zum Mittagessen – den kaufen die meisten im Supermarkt. Nicht so die Bewohner des Fischerdorfs Schaprode auf Rügen. Sie gehen dafür zum Hafen. Steffen Schnorrenberg legt dort seit 26 Jahren mittags mit seinem Kutter an. Steffen ist Fischer in dritter Generation. Sein Großvater fing bereits Dorsche und Heringe. Als Kind fürchtete Steffen, es könnte keine Fische mehr geben, wenn er selber einmal Fischer ist. Heute besteht immerhin die Gefahr, dass es bald keine Kutterfischer mehr gibt. Internationale Fangflotten machen mit ihren Dumpingpreisen regionalen Küstenfischern das Leben schwer.

Auf Rügen und Hiddensee halten die Kutterfischer energisch dagegen. Steffen ist Mitglied im Verein »Hiddenseer Kutterfisch«. Er fängt nur so viele Fische, wie er vor Ort an Privatkunden und die Gastronomie verkaufen kann. Und für die bekommt er einen ordentlichen Preis. Aus den frischen Heringen, Dorschen oder Makrelen lässt der Verein regionale Fischspezialitäten nach überlieferten Rezepten herstellen – Delikatessen mit Heimatflair.

STEFFEN SCHNORRENBERG

- Kutterfischer auf Rügen in dritter Generation
- Bekannt für seine fangfrischen Dorsche, Lachse und Makrelen
- Mitglied im Verein »Hiddenseer Kutterfisch«
- Hält die Tradition der nachhaltigen Fischerei aufrecht

FISCHFANG IST HIER HANDARBEIT

Steffen ist einer von denen, die dazu beitragen, die Kutterfischerei zu erhalten. Dazu gehört auch eine vernünftige Fangmethode. Er fängt mit Stellnetzen, deren Maschen so groß sind, dass nur ausgewachsene Fische einer bestimmten Größe ins Netz gehen. Der Nachwuchs bleibt im Meer. Steffen bringt die Netze jeden Nachmittag aus. Am nächsten Morgen sticht er um vier Uhr in See, um sie wieder einzuholen. Jeden Fisch nimmt er eigenhändig aus den Maschen und bereitet den Fang direkt auf dem Kutter für den Verkauf am Hafen vor – meeresfrisch für den Mittagstisch.

Fangfrische Fische. Auf seinem Kutter »Anna-Lena« sticht Steffen jeden Tag in See.

Ein leckerer auf der Haut gebratener Dorsch an würzigen Pfifferlingen und Speck, getoppt mit einem pochierten Ei – was kann es für einen Fischer noch Schöneres geben?

TIPPS ZU PILZEN UND FISCH

1 Pilze nie waschen! Sie saugen das Wasser auf und werden schwammig.

2 Zum Säubern der Pilze verwende ich eine Pilzbürste oder ein Küchentuch.

3 Damit sich der Fisch beim Braten nicht wellt, ritze ich die Hautseite mit einem scharfen Messer vorsichtig ein.

4 Essig im Kochwasser sorgt dafür, dass das Eiweiß schneller gerinnt.

DORSCHFILET MIT PFIFFERLINGEN

ZUTATEN

- 4 Dorschfilets mit Haut (à ca. 125 g)
- Mehl zum Bestäuben
- Salz und Pfeffer zum Würzen
- 4 EL Olivenöl zum Braten der Filets
- 750 g frische Pfifferlinge
- neutrales Öl zum Braten
- 100 g durchwachsener Speck (z. B. Bauchspeck)
- 1 kleine Zwiebel
- Saft einer ½ Zitrone
- 2 EL glatte Petersilie, gehackt
- Salz
- schwarzer Pfeffer, frisch gemahlen
- 1 EL Butter
- Wasser
- 4 Eier
- 3 EL Essig
- Salz

FÜR 4 PORTIONEN

SO GEHT'S

1. Die Dorschfilets einmal quer teilen und falls nötig mit Hilfe einer Pinzette von den letzten Gräten befreien.
2. Die Pfifferlinge säubern (nicht waschen!), große Pilze in gröbere Stücke schneiden.
3. Etwas Öl in einer Pfanne erhitzen und die Pilze darin anbraten.
4. Den Speck in grobe Würfel oder Scheiben schneiden. Speck zu den Pfifferlingen geben und mitbraten: Das gibt den Extra-Kick Würze. Die Zwiebel schälen und sehr fein hacken. Zwiebelwürfel erst zum Schluss zu den Pilzen und dem Speck in die Pfanne geben und nur kurz braten, damit sie nicht verbrennen. Ein Spritzer Zitronensaft, glatte Petersilie, Salz, Pfeffer und den EL Butter dazugeben, nochmals schwenken, fertig!
5. Die Dorschfilets von beiden Seiten salzen. Die Haut einschneiden (siehe Tipp). Olivenöl in einer Pfanne erhitzen. Die Hautseite der Filets leicht mit Mehl bestäuben und den Fisch in der heißen Pfanne auf der Haut ca. 2 bis 3 Minuten knusprig braten. Erst kurz vorm Servieren die Filets wenden, pfeffern und das Fleisch mit etwas Zitronensaft beträufeln. Der Fisch sollte innen noch glasig sein.
6. Für die pochierten Eier etwas Essig in siedendes Wasser geben. Die Eier nacheinander zuerst in ein kleines Gefäß aufschlagen, danach in das siedende Essigwasser gleiten lassen. Nach drei bis vier Minuten die Eier aus dem Wasserbad heben und leicht salzen. Das Eigelb sollte noch flüssig sein.
7. Jeweils ein knuspriges Fischfilet auf einer guten Portion Speck-Pilzen anrichten und mit einem pochierten Ei toppen.

YORKS GARNELENZUCHT

YORK DYCKERHOFF

- Bio-Garnelenzüchter in Grevesmühlen
- Spezialist für White-Tiger-Garnelen in Sushi-Qualität
- Hält die Garnelen antibiotikafrei, umweltschonend, artgerecht und stressfrei
- Liefert die fangfrischen Öko-Garnelen binnen 24 Stunden

In Grevesmühlen in Mecklenburg betreibt York Dyckerhoff eine der ersten Öko-Garnelen-Farmen Norddeutschlands. Und für ihn steht das Wohl der Garnelen im Mittelpunkt. So klein die Tiere sind – sie sind Lebewesen. 65.000 Tonnen Garnelen überschwemmen jedes Jahr den deutschen Markt. Meist kommen sie aus Asien, wo sie in Massen gezüchtet werden. In viel zu kleinen Becken. Frischwasser ist dort Mangelware. Es bilden sich Keime, und die Tiere brauchen Antibiotika, um nicht zu erkranken.

Yorks White-Tiger-Garnelen tragen einen glanzvollen Namen: »Cara Royal«. Die Umstände, unter denen sie wachsen, sind ja auch herausragend: York bietet ihnen Lebensräume mit artgerechter Besatzdichte. Er füttert sie mit Biofutter, lässt das Wasser stündlich wechseln und mit einem Trommelfilter biologisch reinigen. Dafür hat sich der gelernte Wirtschaftsingenieur eine umweltschonende Technik konstruieren lassen, die so perfekt ausgeklügelt ist, dass die Garnelen kerngesund sind und keinerlei Medikamente benötigen.

GESUNDE ÖKO-GARNELEN IN SUSHI-QUALITÄT

In Spitzenrestaurants und unter Gourmets hat sich diese Sushi-Qualität herumgesprochen. Yorks ökologische Aquakultur ist vorbildlich nachhaltig: vier Zuchtbecken mit beheiztem Meersalz-Wasser, 35°C Raumtemperatur – tropische Verhältnisse. Für die Garnelen paradiesische Zustände. Das Wasser hat genau die Trübung und den Sauerstoffgehalt, die sie im Meer auch vorfinden würden. Sie brauchen das, um sich stressfrei bewegen zu können. Da kann Massenproduktion nicht mithalten. Und Yorks Garnelen sind so gesund, dass man sie bedenkenlos roh genießen kann.

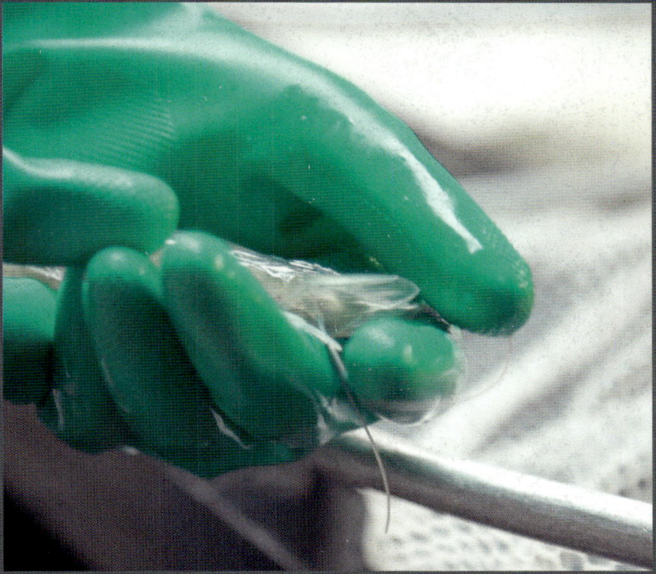

GARNELEN-CEVICHE MIT SANDDORN-TIGERMILK

ZUTATEN

- 1 kg rohe Riesengarnelen mit Schale
- 300 g Kartoffeln
- 1 Knoblauchzehe
- 3 EL neutrales Öl
- Salz
- schwarzer Pfeffer, frisch gemahlen
- 1 große rote Zwiebel
- 1–2 frische rote Chilischoten
- Saft von 1–2 Limetten, je nach Saftgehalt
- 100 ml Sanddornsaft
- 1 Handvoll Kirschtomaten
- 1 Bund frischer Koriander
- Salz und Pfeffer zum Würzen
- 4 EL Olivenöl

FÜR 4 PORTIONEN

Chili und Garnele treffen auf Sanddorn und Limettensaft – Wer hätte gedacht, dass peruanische Würze und mecklenburgische Tradition so gut zusammenpassen?

SO GEHT'S

1. Die rohen Garnelen schälen und entdarmen. Dazu zuerst den Kopf abbrechen und die offene Schale ablösen. Als nächstes mit einem scharfen, spitzen Messer am Rücken der Garnele entlangritzen und den dunkel gefärbten dünnen Darmstrang entfernen. Die Garnelen in grobe Würfel schneiden.

2. Kartoffeln schälen und in feine Würfelchen schneiden. Öl in einer Pfanne erhitzen und die Würfel mit einer angedrückten Knoblauchzehe langsam knusprig braten. Den Kartoffelcrunch mit Salz und Pfeffer abschmecken.

3. Für die Marinade eine rote Zwiebel schälen und würfeln, die Chilischote entkernen und fein würfeln, beides in eine Schüssel geben und mit dem Limettensaft vermengen. Die Tomaten würfeln und den Koriander hacken. Den traditionellen mecklenburgischen Sanddornsaft mit dem Koriander und den Tomaten zur Marinade geben und mit den Garnelen vermengen. Salzen und pfeffern.

4. Die fertige Ceviche mit den knusprigen Kartoffelwürfeln und einem Stiel Koriander garnieren, mit einem Schuss Olivenöl beträufeln. Fertig!

TIPPS ZU GARNELEN

1. Tigermilk (Leche de Tigre) ist der peruanische Name für die Limettenmarinade der Ceviche.
2. Sanddornfrüchte sind eine typische mecklenburgische Spezialität.
3. Der Knoblauch gibt den crunchigen Kartoffeln zusätzliches Aroma.
4. Die Samen der Chilis sind schärfer als die Haut, deshalb entferne ich sie vor dem Kochen.

KAVIAR AUS BRANDENBURG

Störe sind Matthias und Susanne Engels große Leidenschaft. Um diesen besonderen Speisefisch, aber auch Forellen und Saiblinge, zu züchten und Kaviar zu produzieren, krempelten die beiden im Jahr 2013 ihr Leben komplett um. Nach 20 Jahren in der Medienbranche gaben sie ihre Jobs auf und zogen von Berlin aufs Land – nach Rottstock in Brandenburg. Dort hatten sie eine 106 Jahre alte Fischzucht mit 25 Teichen entdeckt. Sie übernahmen den Betrieb mitsamt dem Team und gestalten seither den Trend zu regionalen Lebensmitteln mit. Es gibt für sie kaum noch Freizeit, kein Wochenende und keinen Urlaub. Aber dafür jede Menge Begeisterung und Erfolg.

SUSANNE & MATTHIAS ENGELS

- Betreiben eine Fischfarm mit Stör-, Forellen- und Saiblingzucht
- Produzieren eigenen Kaviar vom Stör
- Züchten ihre Fische ohne Einsatz von Antibiotika
- Susanne kümmert sich um die Entwicklung neuer Produkte und den Verkauf.

FRISCHES QUELLWASSER, GROSSE TEICHE

Mit ihrer naturnahen Fischfarm haben die beiden den Zeitgeist getroffen: »Wir wollen Qualität, nicht Quantität«, erklärt Susanne. Die Teiche, in denen die Fische leben, werden aus einer Quelle mit Frischwasser gespeist. Die Störe bekommen genügend Zeit zu wachsen. Mindestens zwei, idealerweise fünf Jahre vergehen, bis die männlichen Tiere geschlachtet werden. Das feste Fleisch ihrer Filets ist in der Spitzengastronomie gefragt. Matthias und Susanne beliefern vor allem die Sterneköche in Berlin. Und machen seit kurzem mit einer Sensation Furore: Sie produzieren Kaviar. In enger Kooperation mit dem Produzenten Attilus ziehen sie die männlichen und weiblichen Störe in den Quellwasserteichen groß. Aus dem Fleisch der Weibchen, die den Kaviar liefern, bereitet Matthias in der hofeigenen Räucherei feinsten Räucherstör zu – ein nachhaltiger Kreislauf, der sinnvoll ist.

SELBST GERÄUCHERTER STÖR MIT WACHOLDERCRÈME UND ROTE-BETE-BIRNEN-SALAT

ZUTATEN

- kleiner Räucherofen
- glühende Holzkohle
- Buchenspäne oder Räuchermehl
- 5 Wacholderbeeren
- 4 Steaks vom Stör
- grobes Meersalz
- 200 g Crème fraîche
- 1 Bio-Zitrone (Saft und Schale)
- 1 Birne
- 300 g gekochte Rote Bete, geschält
- 1 größere Schalotte
- 1 kleines Bund Dill, feingehackt
- 3 EL Olivenöl
- Salz
- schwarzer Pfeffer, frisch gemahlen

Selber räuchern ist kein Hexenwerk, sondern ganz einfach! Besonders lecker: Durch die Wahl des Räuchermehls kann man selbst bestimmen, welches Aroma der Fisch haben soll.

SO GEHT'S

1. Zu Beginn den Räucherofen vorbereiten: Dazu erst die glühende Kohle in den Ofen geben, dann das Räuchermehl darauf verteilen. Sobald es zu rauchen beginnt, das Ofenrost einlegen.

2. Die Störsteaks salzen.

3. Den Fisch aufs Rost legen und den Deckel auflegen. Der Fisch gart durch den Rauch und die Hitze der Kohlen.

4. Für die Wacholdercreme die Wacholderbeeren mit etwas Salz im Mörser zerdrücken und mit dem Saft einer halben Zitrone und etwas Zitronenabrieb zur Crème fraîche geben und verrühren.

5. Birne vierteln und entkernen. Birne und Rote Bete fein würfeln, die Schalotte schälen und in dünne Ringe schneiden. Alles mit dem Olivenöl, 1 EL Zitronensaft und dem fein gehackten Dill zu einem frischen Salat mischen. Mit Salz und Pfeffer würzen. Salat auf Tellern anrichten.

6. Nach 7–10 Minuten die Störsteaks aus dem Ofen holen, peffern und salzen und am besten noch warm auf den Salat legen und mit einem Klecks Wacholdercreme toppen. Fertig!

FÜR 4 PORTIONEN

RÄUCHEROFEN SELBST BAUEN

DAS BRAUCHT MAN

- Zinkeimer aus dem Baumarkt mit Deckel
- Bohrmaschine
- Stahlbohrer Größe 6 oder 8
- Drahtgitter (Baumarkt)

SO GEHT'S

1. 5 cm über dem Boden mit der Bohrmaschine ringsum 10 Löcher in den Eimer bohren.
2. 3–7 cm unterhalb der Eimeröffnung nebeneinander je zwei gegenüberliegende Löcher bohren (insgesamt 4) und Nägel oder Schrauben von außen hineinstecken. Hier wird das Gitter für den Fisch aufgelegt.
3. Das Metallgitter mit einer Metallschere auf den Durchmesser des Eimers schneiden und auf die nach innen stehenden Nägel legen.
4. Glühende Holzkohle auf dem Boden des Eimers verteilen. 2 Hände Räucherspäne darauf verteilen.
5. Nun den Fisch auf das Gitter legen (Gitter ggf. vorher einfetten, damit der Fisch nicht kleben bleibt).
6. Den Deckel oder ein feuchtes Tuch auf den Eimer legen und den Fisch je nach Dicke ca. 5–10 Minuten heiß räuchern.

TIPPS ZU ZUM RÄUCHEROFEN

1 Der Abstand zwischen den Drähten sollte so breit sein, dass sich die Fischstücke nicht berühren.

2 Der Fisch darf ebenfalls den Eimerrand nicht berühren – Kontaktstellen führen dazu, dass er während des Räucherns verbrennt.

3 Statt des Deckels kann man zum Abdecken auch ein festes, feuchtes Tuch verwenden.

ES GIBT KÄSE

6

FELICITAS TRIFFT

ELKE HENRION & SYLVIA SCHULZE · BIO-BÜFFELHOF UND HOFKÄSEREI »BOBALIS« IN BRANDENBURG

VOLKER WALTMANN · INTERNATIONAL GEFEIERTER KÄSE-AFFINEUR IN ERLANGEN

ALOIS HOFER & ALBERT KRAUS · INHABER & KÄSER DER HOFER-MANUFAKTUR IM ALLGÄU

Käse ist einer der ältesten Kulturschätze der Menschheit. Seit Tausenden Jahren wird er hergestellt. Mehr als 5000 verschiedene Sorten gibt es weltweit. Für jeden Geschmack ist da etwas dabei, von cremig bis schnittfest, von würzig bis mild. Manche behaupten sogar, dass Käse glücklich macht, weil er viele Aminosäuren enthält. Unser Körper produziert daraus den Botenstoff Serotonin. Und der macht gute Laune!

Die hat auch Felicitas auf ihrer Suche nach den besten Käseproduzenten Deutschlands. Nicht nur, weil es überall, wo Käse hergestellt wird, so gut nach fermentierter Milch duftet. Sondern auch, weil sie dabei so viele Tiere kennenlernt – sanfte Büffel und gutmütige Milchkühe. Felicitas besucht Alois Hofer auf seinem Käsehof im Allgäu. Sie lernt bei den Wasserbüffeln in Brandenburg, wie der originale Mozzarella hergestellt wird und macht in einem Käsekeller in Erlangen Bekanntschaft mit einem 23 Jahre alten Rohmilchkäse, so wertvoll wie kostbare Trüffeln!

»Ich bin total überwältigt von dem Handwerk, das nötig ist, um aus Milch guten Käse zu machen«, sagt Felicitas nach ihrer »Tour de Fromage«. Käsemachen klingt simpel, ist in Wahrheit aber echte Präzisionsarbeit, die viel Erfahrung erfordert.

DAS WEISSE GOLD

Mozzarella – kaum jemand weiß, wie viel Arbeit und Know-how in jeder einzelnen der zart schmelzenden, milchig schmeckenden Käsekugeln steckt. Auf dem Bio-Büffelhof »Bobalis« in Jüterbog, 70 Kilometer südlich von Berlin, lernt Felicitas ihr Geheimnis kennen: Mozzarella wird traditionell aus Büffelmilch hergestellt. Auf »Bobalis« leben gut 200 Wasserbüffel. Seit 1998 betreibt Elke Henrion ihre Farm nach ökologischen Richtlinien. Wasserbüffel sind majestätisch und beeindruckend. Ausgewachsen bringen sie es schon mal auf ein Gewicht von bis zu 800 Kilogramm. Auch ihre Hörner sind mächtig. Im Grunde aber sind sie ausgesprochen sanftmütig und anhänglich, verhalten sich eher scheu als wild. Das bekommt auch Felicitas bei ihrem Besuch zu spüren. Als sie Clara, eine Wasserbüffelkuh, im Stall besucht, fremdelt die Büffeldame ein wenig und will sich nicht streicheln lassen. Bulle Carlos ist da schon zugänglicher: Felicitas streckt ihm ihre Hand hin, und nach einer Weile schleckt er sie ab – freundliche Begrüßung in Wasserbüffelmanier!

VOM KÄSEBRUCH ZUM KÄSELAIB

Auf »Bobalis« werden die Büffelkühe zweimal am Tag gemolken. Aus ihrer Milch stellt die Käserin Sylvia Schulze sahnigen Joghurt und verschiedene Käsesorten her. Im Vergleich zu Kuhmilch ist Büffelmilch ärmer an Cholesterin, reicher an Eisen, Kalzium, Eiweiß und lebenswichtigen Vitaminen.

ELKE HENRION & SYLVIA SCHULZE

- Sylvia Schulze ist Käserin auf Elkes Bio-Büffelhof in Brandenburg.
- 200 Wasserbüffel leben dort auf 150 Hektar in artgerechter, liebevoller Haltung.
- Aus der Bio-Büffelmilch stellt Sylvia unter anderem Mozzarella, Ricotta und Joghurt her.
- Dabei legt sie viel Wert auf Sorgfalt, Geduld und präzise Handarbeit.

Sie schmeckt nussig und leicht süßlich. Die sahnigen Aromen fließen in den Mozzarella ein, den Sylvia in Handarbeit herstellt. Nachts um zwei steht sie auf, um die Milch mit Milchsäure und Lab zu versetzen. Sie gerinnt, und es entsteht der sogenannte Käsebruch. Sechs Stunden Ruhezeit braucht er, bis er weiterverarbeitet werden kann. Felicitas hilft, den Bruch in gröbere Blöcke zu schneiden. Sie werden nochmals zerkleinert und erneut zu Laiben geformt. Die kommen anschließend in 80°C heißes Wasser. Der Käse schmilzt, verbindet sich zu einer homogenen Masse und kann geformt werden. Sylvia legt die frischen Kugeln noch kurz in Salzlake ein, dann wird verkostet! Aus der Molke, die bei der Herstellung übrig bleibt, stellt sie einen cremigen Ricotta her. Den gibt es später in Felicitas' Foodtruck mit selbstgemachtem Bärlauchpesto. Den Mozzarella genießt Felicitas noch frisch in der Käserei, schlicht und pur. Sie ist schwer begeistert: »Von wegen Käse – das hier ist weißes Gold!«

Elke scheint zu schmecken, was Felicitas aus ihrem Käse zubereitet hat.

Herrlich! Erst im Wald frischen Bärlauch pflücken und dann ein frühlingsgrünes Pesto daraus zubereiten. Das Ergebnis: ein Duftbad aus feinwürzigen Knoblauch- und Laucharomen. Die perfekte Kombi zu sahnig-mildem Ricotta!

TIPPS ZU PFANNENBROT

1. Sobald der Teig beim Kneten nicht mehr an den Händen klebt, ist er fertig.
2. Ist er zu fest, mit etwas Wasser, ist er zu flüssig, mit etwas Mehl nachhelfen.
3. Je dünner die ausgerollten Teigfladen, desto knuspriger werden die Brotchips.
4. Wer das Brot lieber softer mag, rollt die Teigfladen bis zu einem halben Finger dick aus.
5. Wer keinen Mörser hat, kann das Pesto auch pürieren.

BÜFFELRICOTTA MIT PFANNENBROT UND BÄRLAUCHPESTO

ZUTATEN

- 300 g Weizenmehl
- 1 gehäufter TL Salz
- 250 ml kochendes Wasser
- etwas Mehl zum Ausrollen
- 1 Bund Bärlauch
- 50 g Walnüsse
- 1 Prise Salz
- 1 Prise getrocknete Chiliflocken
- 3 EL frisch geriebener Parmesan
- 1 TL frisch gepresster Zitronensaft
- 3–4 EL Olivenöl
- 100 ml neutrales Öl
- 300 g Bio-Büffelricotta

FÜR 4 PORTIONEN

SO GEHT'S

1. Für das Pfannenbrot den Teig vorbereiten. Dafür das Mehl mit dem Salz mischen und mit Wasser aufgießen. Alles rasch zu einem geschmeidigen Teig kneten. Teig in Frischhaltefolie wickeln und eine halbe Stunde bei Zimmertemperatur ruhen lassen.
2. Für das Pesto den Bärlauch waschen, trocken schütteln und hacken. Walnüsse ohne Öl bei mittlerer Hitze in einer Pfanne leicht rösten und ⅔ der Nüsse grob hacken.
3. Gehackten Bärlauch und gehackte Nüsse in einen Mörser geben und mit dem Salz und den Chiliflocken zerstoßen. Nacheinander 1 EL Parmesan und den Zitronensaft dazu geben.
4. Zum Schluss peu à peu das Olivenöl und das neutrale Öl einrühren, bis das Pesto eine cremige Konsistenz hat.
5. Für das Pfannenbrot den Teig aus der Folie nehmen, kleine Kugeln formen und mit einem bemehlten Nudelholz auf einer ebenfalls bemehlten Arbeitsfläche jeweils dünn ausrollen. Teigfladen in der heißen Pfanne ohne Öl von beiden Seiten knusprig backen.
6. Ricotta locker zerpflücken, portionsweise auf vier Tellern anrichten und mit dem Pesto toppen. Pfannenbrot in mundgerechte Chips brechen. Das Ganze mit den restlichen Nüssen und Parmesan bestreuen und direkt aus der Hand genießen.

Ein Affineur braucht vor allem eines: Geduld. Manch wertvoller Rohmilchkäse lagert schon seit Jahrzehnten in Volker Waltmanns Reifekeller und entwickelt dabei ein Aroma, das an Steinpilze erinnert.

DER SCHATZ IM KÄSEKELLER

Volker Waltmanns Preziosen schimmern wie Gold, duften verführerisch und lagern wie kostbare Raritäten in einem Tresor tief unter der Erde. Waltmann ist einer der bekanntesten Affineure weltweit. Sein Unternehmen in Erlangen gilt als Hort feinster Rohmilch-Spezialitäten. Kenner auf der ganzen Welt bestellen bei ihm Käse, die er verfeinert, veredelt und zu vollendeter Reife bringt. Wie viele Käsesorten schon durch seine Hände gegangen sind, lässt sich kaum schätzen. Schon sein Vater Gerhard betrieb in Erlangen einen kleinen, feinen Käsehandel. Auch er war Affineur und gab die Begeisterung für dieses Handwerk an seinen Sohn weiter. Vor 25 Jahren begannen dann Volkers Lehrjahre. Immer wieder zog es ihn nach Frankreich, wo er in kleinen Hofkäsereien das Handwerk der Käseherstellung von der Pike auf lernte. Mittlerweile veredelt er in seinem Betrieb mehr als 270 verschiedene Käsesorten aus der Rohmilch von Schafen, Ziegen und Milchkühen.

UPGRADE FÜR DEN ROHMILCHKÄSE

Waltmann legt die edlen Käserohlinge in ein Champagnerbad, tränkt sie in Calvados, wäscht sie mit Cidre, würzt sie mit Kräutern, wälzt sie in Edelasche – und dann kommt das Wichtigste: der Reifeprozess. Im Untergeschoss seines Ladens ließ er sich dafür einen perfekten Reifekeller bauen. Bei 9°C Temperatur und fast 100 Prozent Luftfeuchtigkeit finden dort mehrere Tonnen Käse das passende Mikroklima, um zu einem herausragenden Produkt heranzureifen. Mit viel Geduld und einem ausgeprägten Sinn für harmonierende Aromen verleiht Waltmann ihnen den nötigen Feinschliff. Er weiß, dass die Zeit dafür sein engster Verbündeter ist, und dass noble Rohmilchkäse mitunter lagern müssen wie guter Wein. Einige seiner kostbarsten Laibe sind mehrere Jahrzehnte alt – und so begehrt wie weiße Trüffeln.

VOLKER WALTMANN

- Deutschlands bekanntester Käse-Affineur
- Machte aus dem Käsegeschäft seiner Eltern ein international erfolgreiches Unternehmen
- Beliefert über 1500 Kunden weltweit
- Hotels, Spitzengastronomen und Privatkunden schätzen sein Händchen für edle Rohmilchkäse

DER KÜHE-FLÜSTERER

Melken, das würde Felicitas gerne mal lernen. Es sieht so einfach aus – wenn man es kann! Doch die Angelegenheit ist ziemlich knifflig, wenn man es noch nie gemacht hat und nicht genau weiß, wie man die Kuh am Euter fassen soll. Das Schwierigste aber ist das frühe Aufstehen. Schon morgens um sechs geht es los. Auch für Felicitas, die beim Melken mithelfen wird. Die Milchkühe auf dem Käsehof von Alois Hofer warten bereits ungeduldig darauf, dass Alois und sein zeitweiliger Mitstreiter Valentin die prall gefüllten Euter leeren. Schon seit vielen Generationen liefern die Kühe der Hofers Milch für den berühmten Allgäuer Käse. Der Hof liegt im hügeligen Alpenvorland, umgeben von Streuobstwiesen und Weiden. Von April bis November dürfen die Tiere auf den grünen Wiesen grasen. Die bunte Braun- und Fleckviehherde ist Alois' ganzer Stolz. Er liebt seine Kühe und Kälber über alles, kennt sie alle mit Namen und hat das seltene Talent, sich in ihre Wesensart und ihre Bedürfnisse sensibel einzufühlen.

VON NICHTS KOMMT NICHTS!

Das spürt auch Felicitas, als sie mit Alois und Valentin in aller Frühe im Stall steht und die beiden beim Melken unterstützt. Alois kennt sich mit den besonderen Eigenschaften seiner Milchkühe bestens aus. Er weiß genau, wie sich die Kälbchen den Muttertieren gegenüber benehmen, wenn sie an ihnen säugen wollen. Er imitiert dieses Verhalten mit seiner eigenen Körpersprache. So sind die Kühe beim Melken ganz entspannt. Auch die Kuh Amelie – sie hält ganz still, als Felicitas ihre ersten Melkversuche unternimmt.

Die Hofers haben ihren landwirtschaftlichen Betrieb vor 25 Jahren von »Bioland« zertifizieren lassen. Ihre Heumilch ist die optimale Grundlage für den kräftig würzigen Allgäuer Bergkäse, der das Aroma der Wiesen und Kräuter in sich trägt. Alois Hofer bringt seine Milch zu Albert Kraus. Der erfahrene Käser macht daraus Spezialitäten, die die Hofers in ihrem Hofladen verkaufen. Emmentaler zum Beispiel, im Sommer auch Kuhmilch-Mozzarella. »Wer guten Käse haben will, muss sich auch gut um seine Milchkühe kümmern«, erklärt Alois. Deshalb lässt er sie morgens auch nicht lange auf das Melken warten – und kommt schon in aller Herrgottsfrühe ausgeschlafen zu ihnen in den Stall.

ALOIS HOFER & ALBERT KRAUS

- Alois Hofer betreibt einen Bioland-Hof mit eigenem Hofladen.
- Er liebt seine Milchkühe und Kälber über alles, deshalb geben sie auch so gehaltvolle Milch.
- Daraus stellt Albert Kraus würzigen Allgäuer Bergkäse und Emmentaler her.
- Besonders stolz ist Albert auf das Salzbad, in das er die Käselaibe vor dem Reifen taucht.

»Mit spätestens 40 möchte ich auch eine kleine Käserei haben. Ich finde, es gibt keine schönere Art, Milch zu veredeln«, meint Felicitas.

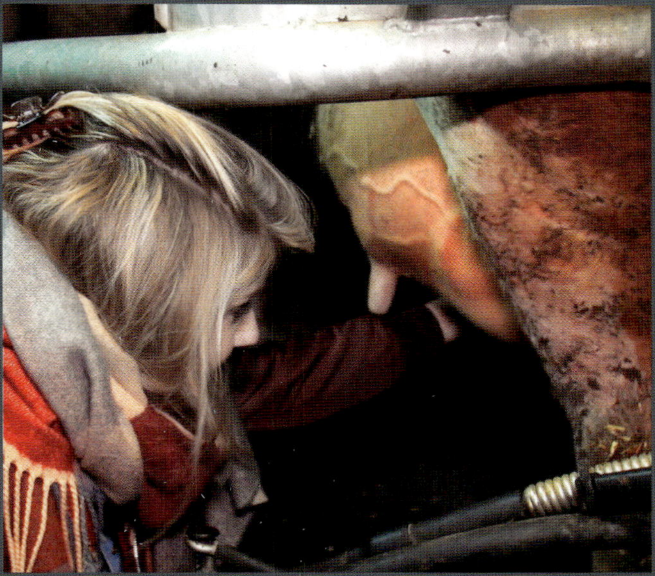

FÜR 8–12 PORTIONEN

KRÄUTERKÄSESPÄTZLE

»Käse ist die einzige Zutat, von der man nie genug haben kann«, findet Felicitas und nimmt für das Allgäuer Traditionsgericht gleich eine dreifache Portion Käse: feinherben Emmentaler, milden und kräftigen Bergkäse.

ZUTATEN

- 1 kg Dinkelmehl (oder Weizenmehl)
- 10 Bio-Eier
- 1 Prise Salz
- 1 Prise Muskatnuss
- warmes Wasser nach Bedarf (ca. 200–300 ml)
- 1 Bund glatte Petersilie
- 1 Bund Schnittlauch
- 1 Bund Dill
- 400 g einjähriger Bergkäse
- 400 g junger Bergkäse
- 800 g Emmentaler
- 5 große Zwiebeln
- 100 g Butter
- Salz; schwarzer Pfeffer, frisch gemahlen
- Butter für die Auflaufform

SO GEHT'S

1. Für den Teig das Mehl mit Salz, Muskatnuss und Eiern vermengen. Nach und nach so viel Wasser zugeben, bis eine zähflüssige Masse entsteht. Kräuter sehr fein hacken und unter den Spätzleteig heben. Teig 15 Minuten ruhen lassen.
2. Den gesamten Käse grob reiben. Vorher die Rinde abschneiden.
3. Zwiebeln in grobe Ringe schneiden. Butter in einer Pfanne erhitzen, Zwiebelringe mit Salz und Pfeffer würzen und karamellfarben rösten, dann die Pfanne vom Herd nehmen.
4. Mindestens 3 Liter Wasser mit einer Prise Salz zum Kochen bringen und den Teig mit einem Spätzlehobel ins siedende Wasser gleiten lassen. Sobald die Spätzle nach oben schwimmen, sind sie gar. Mit einer Siebkelle aus dem Wasser holen und sofort in die gebutterte Auflaufform geben.
5. Immer abwechselnd erst Spätzle, dann Käse in der Form übereinanderschichten. Mit einer Schicht Käse abschließen. Gebratene Zwiebeln darauf verteilen und den Spätzleauflauf im Backofen bei 150°C 15 Minuten schmelzen lassen.

TIPPS ZU KÄSESPÄTZLE

1. Für Käsespätzle kann man seine Lieblingshartkäsesorten verwenden.
2. Am besten schmeckt eine Kombination von älteren und jüngeren Käsen. Die älteren sind würziger, die jüngeren cremiger.
3. Bis die Spätzle im siedenden Wasser nach oben schwimmen, vergeht nur wenig Zeit, maximal 2 Minuten.

ES GIBT WURST

7

FELICITAS TRIFFT

MAX UND PHILIPP HEPP · NACHWUCHSMETZGER IN DER FÜNFTEN GENERATION

INGOLF FISCHER · »RITTER DER BLUTWURST« UND INHABER DER MANUFAKTUR »GRÜNER WALD«

JÜRGEN RECK · FRÄNKISCHER BRATWURSTMEISTER AUS ERLANGEN

Ob als Aufschnitt, Aufstrich oder in Scheiben, ob roh, gebrüht, gebraten oder gegrillt – zu Wurst und Wurstspezialitäten haben wir Deutschen ein ganz besonderes Verhältnis. Und jede Region ist natürlich stolz auf ihre ureigenen, unverwechselbaren Wurstrezepte und die damit verbundenen Traditionen. Doch was steckt eigentlich in der Wurst? Welches Handwerk verbirgt sich hinter der ehrwürdigen Wurstmacherzunft? Diesem Geheimnis geht Felicitas auf den Grund.
Dabei lernt sie viel Neues. Zum Beispiel, dass eine junge Generation von Metzgern wie Max und Philipp Hepp das überlieferte Handwerk mit frischen Kreationen wiederbelebt. Oder dass ein sächsischer Fleischermeister wie Ingolf Fischer mit seiner hausgemachten Blutwurst in Frankreich sogar zu Ritterwürden gelangen kann. Und dass für die meisterliche fränkische Bratwurst von Metzger Jürgen Reck nur das allerbeste Fleisch von einer kompletten Schweinehälfte infrage kommt!

Felicitas in der Metzgerei Hepp: »Gar nicht so einfach, die Saumagen-Masse in die Kunststoff-Pelle zu füllen.«

26

Kitchen

Metzger sei ein sexy Beruf, findet Felicitas: »Die Hepp-Brüder führen ein traditionelles Handwerk aus und kreieren dabei tolle Produkte mit richtig viel Geschmack!«

»WIE LECKERE WURST MIT BRATKARTOFFELN DRIN!«

Max und Philipp Hepp sind Brüder. Und sie haben beide das Metzgerhandwerk gelernt. So können sie eine Familiengeschichte fortschreiben, die vor über 135 Jahren begann. Damals gründete ihr Ur-Urgroßvater Konrad Hepp in Altleiningen in der Pfalz einen landwirtschaftlichen Betrieb mit Hausschlachtung. Auf dem eigenen Hof zu schlachten, war damals im 19. Jahrhundert ganz normal. Jeder wusste in jener Zeit, was in eine gute Wurst gehört. Und dass man dabei auch mit Dingen hantieren muss, die heutzutage manche vielleicht als unappetitlich empfinden würden. Saumagen etwa. Diese traditionelle Pfälzer Spezialität wird aus Fleisch, Gewürzen und Kartoffeln hergestellt. Die Vorfahren der Brüder Hepp füllten diese Zutaten damals noch tatsächlich in gesäuberte Schweinemägen. Die jungen Nachwuchsmetzger Max und Philipp hingegen gehen mit der Zeit. Sie verfeinern ihr Saumagen-Rezept mit frischen Gewürzen und füllen die Masse in Kunstdarm. Ansonsten achten sie in ihrer familieneigenen Metzgerei nachdrücklich darauf, nur natürliche Zutaten aus der Region und selbstverständlich keinerlei Geschmacksverstärker zu verwenden.

TRADITIONELLES REZEPT, MODERNE INTERPRETATION

Für ihre Pfälzer Leberwurst und ihren Saumagen erhielten die Hepps bereits Goldprämierungen. »Wir legen viel Wert auf Frische«, erklärt Max. Er und Philipp führen die Familienmetzgerei nun schon in der fünften Generation. So eine Tradition verpflichtet zu Qualität! Davon kann sich auch Felicitas bei ihrem Besuch bei den Brüdern Hepp überzeugen. Die Herstellung von Saumagen steht auf dem Programm, und Felicitas packt dabei tüchtig mit an. Sie lernt, dass für dieses Rezept vor allem mageres Schweinefleisch, frisches Schweinefett als Geschmacksträger, geschnittene Kartoffelwürfel und Gewürze nötig sind: Zwiebeln, Petersilie, etwas Muskatnuss … Der Rest bleibt das Geheimnis von Philipp und Max! Die Grundmasse wird mit Eiskristallen gecuttert, so bindet das Eiweiß, und der Fleischbrei wird schön cremig und homogen. Wie schwergewichtig der Saumagenteig nach der Fertigstellung ist, merkt Felicitas, als sie die Masse mit beiden Händen in die Wurstspritze hievt, von wo aus sie erst in den Kunstdarm gefüllt und anschließend in heißem Wasser gegart wird. Trotz der körperlich schweren Arbeit ist Felicitas vom Ergebnis beeindruckt: »Schmeckt wirklich toll! Wie leckere Wurst mit Bratkartoffeln drin«, sagt sie und freut sich schon darauf, aus dem frischen Saumagen in ihrem Foodtruck eine innovative Burger-Kreation zu bereiten.

MAX & PHILIPP HEPP

- Nachwuchsmetzger in fünften Generation ihres Familienbetriebs
- Führen die Metzgertradition mit neuen Wurstrezepten fort
- Arbeiten bei der Eigenherstellung ausschließlich mit natürlichen Zutaten
- Setzen auf Produkte und Rezeptideen aus ihrer Heimatregion Pfalz

SAUMAGEN-BURGER MIT SPIEGELEI

ZUTATEN

- 2 Zwiebeln
- 4 EL Butter
- Salz
- 1 TL Honig
- 150 g Schmand
- 1 EL Dijonsenf
- 1 EL süßer Senf
- Abrieb von 1 Bio-Zitrone
- schwarzer Pfeffer, frisch gemahlen
- 4 Essiggurken
- 4 Brötchen
- 4 daumendicke Scheiben Saumagen
- 4 Eier
- 50 g Feldsalat, geputzt, gewaschen und trocken geschleudert

Als ich zum ersten Mal Saumagen probierte, war ich erstaunt: Er schmeckt wie eine richtig gute Wurst mit Bratkartoffeln drin. Die verleihen ihm auch noch eine schöne Cremigkeit. Würzig und fluffig zugleich. Die ideale Grundlage also für einen leckeren Burger!

SO GEHT'S

1. Zwiebeln in Ringe schneiden und in 1 EL Butter bei mittlerer Hitze goldbraun braten. Salzen, Honig dazu geben und unter Schwenken karamellisieren lassen.
2. Für die Burger-Sauce den Schmand mit den beiden Senfsorten, dem Zitronenschalenabrieb und Salz und Pfeffer cremig rühren.
3. Essiggurken in schmale Streifen schneiden und beiseite stellen.
4. Brötchen halbieren. Die Schnittflächen mit etwas Butter bestreichen und in einer heißen Pfanne anrösten.
5. Die Saumagenscheiben mit der restlichen Butter auf mittlerer Flamme von beiden Seiten goldbraun braten. Aus der Pfanne nehmen.
6. In der noch heißen Pfanne vier Spiegeleier braten, salzen und pfeffern.
7. Nun die Burger belegen: Untere Brötchenhälften mit Schmandcreme bestreichen. Mit Feldsalat belegen, dann Saumagen und Honigzwiebeln darauf geben. Gekrönt wird die Köstlichkeit mit Essiggurken und Spiegelei. Wer da nicht zugreift, ist selber schuld!

FÜR 4 PORTIONEN

TIPPS

1. Für den Dip zwei unterschiedliche Senfsorten kombinieren. So sind Schärfe und Würze gut ausbalanciert.
2. Die Brötchen am besten in der Pfanne rösten. So wird die Schnittfläche kross, aber der Rest bleibt fluffig.
3. Für perfekte Spiegeleier kurz den Deckel auf die Pfanne legen, dann wird das Eiweiß kross und das Eigelb schön cremig.

RITTERSCHLAG FÜR DIE HAUSMACHER-BLUTWURST

Das muss man erst mal schaffen: in Frankreich zum Ritter geschlagen zu werden! Der Fleischermeister Ingolf Fischer reiste dafür allerdings nicht zu Pferde, sondern mit einem außergewöhnlichen Blutwurstrezept in die Normandie – einem »fleischsortenreinen« Rezept, wie er betont. Wo Schwein draufsteht, ist bei Fleischer Ingolf tatsächlich ausschließlich Schwein drin. Er setzt in seinem Familienunternehmen auf Tradition und Handwerk. Deshalb nennt er seine Fleischerei im Grünen Wald im Erzgebirge auch »Manufaktur«. Ingolf und seine Frau Mandy arbeiten noch richtig mit der Hand. Genau das nötigt Felicitas Respekt ab. Sie lässt sich von Ingolf genau zeigen, wie er seine hochdekorierte Blutwurst herstellt. Und begleitet ihn dabei Schritt für Schritt – unerschrocken und beherzt.

INGOLF FISCHER

- Fleischermeister mit Ritterwürden
- Stellt in seiner Metzgerei Grüner Wald im Erzgebirge fleischsortenreine Wurst her
- Wurde für seine Blutwurst 2014 in Frankreich zum Blutwurstritter geschlagen
- Gab dabei sein Ehrenwort, jeden Tag Blutwurst zu essen

ALLER EHREN WERT

Den Ritterschlag für seine Blutwurst erhielt Ingolf 2014 auf der Blutwurst-Weltmeisterschaft in Mortagne-au-Perche in der Normandie. Verliehen wurde ihm der Ehrentitel von der Bruderschaft der Ritter der Blutwurst, französisch: »Confrérie des Chevaliers du Goûte Boudin«. In Frankreich weiß man schon seit dem Mittelalter, welch köstliche Delikatesse Blutwürste sind. Hierzulande ist das etwas in Vergessenheit geraten. Doch leidenschaftliche Fleischermeister wie Ingolf verhelfen dieser traditionellen Spezialität wieder zu Ehren. Gemeinsam mit Ingolf zerteilt Felicitas dafür eine ganze Schweinekeule, schneidet das gekochte Fleisch anschließend in feine Würfel und befreit einen Berg Schweineschwarten mit einem scharfen Messer vom Fett. Die Schwarten werden gekocht und unter Zugabe von Zwiebeln zu Brei gemahlen. Sie bilden so eine natürliche Gelatine, die mit frischem, erwärmtem Schweineblut verrührt wird. Unter Ingolfs Anleitung mischt Felicitas die bindende Masse unter das feingewürfelte Fleisch und schmeckt das Ganze noch roh mit Majoran, Piment, Salz, Pfeffer, Nelken und etwas Zucker ab. Erstaunt ist sie, dass das Blut nicht riecht. Auch seine Konsistenz findet sie angenehm: »Ein bisschen wie Milch. Nur cremiger.« Die nächste Hürde meistert sie ebenfalls tapfer: Sie wendet vorgesäuberte Schweinedärme von Hand, um das Innere von Fettresten zu befreien. Anschließend werden sie nebst einer Schweinsblase und einem Schweinemagen mit der Blutwurstmasse gefüllt und in Brühe gegart. »Traditionelles Fleischerhandwerk ist eine tolle Methode, alle Teile vom Tier zu verwenden und nichts wegzuschmeißen«, resümiert Felicitas. Nachhaltigkeit ist eben eine Tugend – und aller Ehren wert.

»Ich fand alles so spannend, dass ich mich sogar getraut habe, die Blutwurst roh zu probieren«, fasst Felicitas ihren Arbeitstag bei Blutwurst-Ritter Ingolf zusammen. Aber sie habe auch noch nie so gute Blutwurst gegessen, fügt sie hinzu.

www.gruenerwald.eu
Wald

GERÖSTETE BLUTWURST MIT APFELRISOTTO

Risotto ist einfacher als man denkt. Und man kann es wunderbar variieren. Warum also nicht mal mit Blutwurst kombinieren? Schmeckt super – vor allem, wenn die Wurst so toll gewürzt ist wie die von Ingolf, dem »Ritter der Blutwurst«!

ZUTATEN

- 1 Knoblauchzehe
- 2 Schalotten
- 2 EL Olivenöl
- 350 g Risottoreis
- 150 ml trockener Weißwein
- 1 l heiße Brühe (Schwein oder Geflügel)
- 1 Apfel (z. B. Boskoop)
- Saft und Abrieb von ½ Bio-Zitrone
- 50 g geriebener Parmesan
- 50 g Butter
- Fleur de Sel, schwarzer Pfeffer, frisch gemahlen
- 5 Zweige frischer Thymian
- 300 g Blutwurst
- 2 EL Mehl zum Wenden
- 2 EL neutrales Öl zum Braten

FÜR 4 PORTIONEN

SO GEHT'S

1. Knoblauch und Schalotten schälen, hacken und in Olivenöl bei mittlerer Hitze in einem hohen Topf glasig dünsten. Risottoreis dazu geben und unter Rühren kurz mit anschwitzen.
2. Reis mit Weißwein unter ständigem Rühren ablöschen. Wenn der Wein verkocht ist, nach und nach die heiße Brühe zugeben und unter Rühren köcheln lassen. Sobald die Flüssigkeit vom Reis aufgenommen wurde, immer wieder erneut Brühe aufgießen.
3. Apfel schälen, entkernen, fein würfeln und mit etwas Zitronensaft beträufeln. Zwischendurch das Risotto immer wieder umrühren. Sobald das Risotto fertig ist, die Apfelwürfel unterheben und den Topf vom Herd nehmen.
4. Erst jetzt den Parmesan und die Butter unterrühren. Risotto mit Fleur de Sel, Pfeffer, Zitronenschalenabrieb und den Blättern eines Zweigs Thymian würzen. Risotto nicht mehr kochen lassen.
5. Blutwurst in 1 Zentimeter dicke Scheiben schneiden, von beiden Seiten in Mehl wenden und in einer Pfanne mit etwas Öl rundherum knusprig braten.
6. Risotto auf vier Tellern verteilen und jede Portion mit einigen Scheiben Blutwurst und einem Zweig Thymian toppen. Fertig!

TIPPS ZU RISOTTO

1 Je kräftiger die Brühe, desto würziger wird das Risotto.

2 Wer keine Schweinebrühe mag: Rinder- oder Geflügelbrühe eignen sich auch.

3 Risotto braucht Zeit. Bis es gar ist, vergehen 20 bis 25 Minuten.

4 Für die schlotzige Konsistenz gibt man Butter und Parmesan erst am Schluss dazu. Dann darf das Risotto nicht mehr kochen!

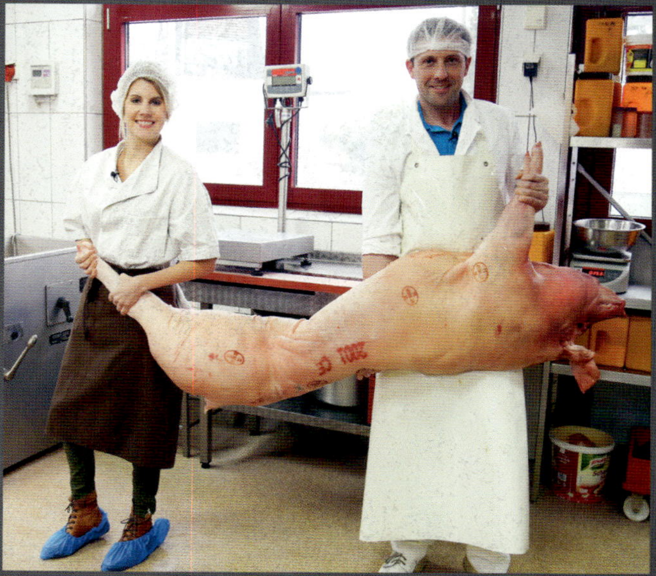

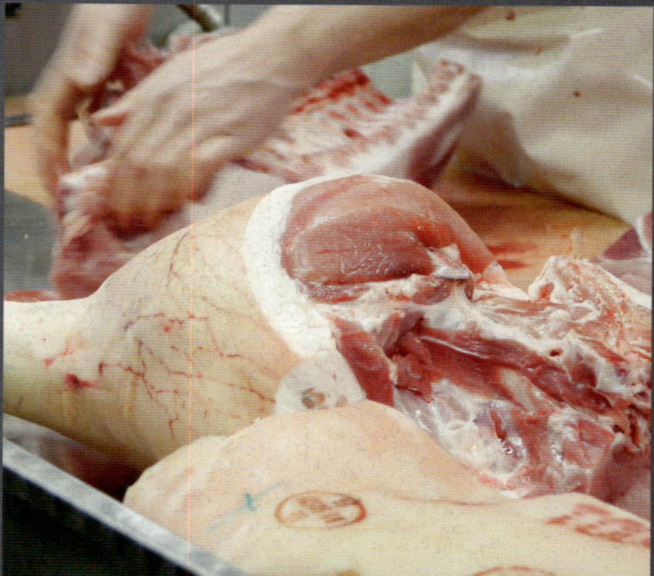

Jede Wurst ist nur so gut, wie das, was in sie hineinkommt. Jürgen Recks original Fränkische Bratwürste sind mehrfach mit Gold prämiert. Kein Wunder: Er nimmt nur allerbestes Schweinefleisch und verarbeitet es nach alter handwerklicher Art.

BESUCH BEIM BRATWURSTKÖNIG

JÜRGEN RECK

- Vielfach ausgezeichneter Metzger mit eigener Dorfmetzgerei, Kochschule und Partyservice
- Wurde 2015 unter anderem Vize-Europameister der Metzger
- Erhielt für seine Fränkischen Bratwürste zahlreiche Auszeichnungen in Gold
- Gibt in seiner »Dorfmetzger-Schule« Kurse für fränkische Wurst- und Fleischspezialitäten

Wie aus einem Schwein eine Bratwurst wird, möchten viele gerne wissen. Jürgen Reck hat deshalb eine eigene Kochschule gegründet: »Jürgens Dorfmetzgerschule«. Dort zeigt der erfahrene Metzgermeister, was in eine echt fränkische Bratwurst alles reinkommt. Auch Felicitas lernt das bei ihm – und muss dafür schwer schleppen! Mit Jürgens Hilfe wuchtet sie eine komplette halbe Schweinehälfte auf den Metzgertisch. Jürgen betreibt seine Metzgerei in Möhrendorf bei Erlangen seit 1999. Und hat über die Jahre genügend Erfahrung gesammelt, um genau zu wissen, welches Fleischstück und welche Art Fettanteil vom Schwein am besten ist, damit die original Fränkischen Bratwürste beim Braten später nicht spritzen. Er verwendet eine Kombination aus Schulterfleisch, Bauchfett und Schweinebacken. Bauchfett hat einen höheren Schmelzpunkt, es tritt beim Braten nicht aus und macht die Würste ausnehmend saftig. Schon eine ganze Reihe höchster Preise und Titel hat er für seine Bratwurstspezialitäten bekommen. 2013 wurde er »Fränkischer Bratwurstkönig«, 2015 Vize-Europameister der Metzger.

»FRÄNKISCHES SUSHI«

Zuvor ging er ein paar Jahre auf Wanderschaft. Oft war er in Frankreich und guckte sich dort manchen Kniff von französischen Metzgern ab. Jürgen experimentiert gerne: Seine Meerrettich-Bratwurst oder seine Fränkische Salsiccia sind bei Feinschmeckern und ebenso in der Street-Food-Branche begehrt. Mit Felicitas produziert er aber original Fränkische Bratwürste. Die passen perfekt zum Kartoffelsalat. Bauern aus Franken, lokale Geflügelvermarkter und heimische Jäger liefern Jürgen das Fleisch für seine Metzgerei. So kam auch das halbe Schwein auf den Tisch. Felicitas und Jürgen schneiden das Tier erst in grobe, dann in feinere Stücke und drehen es schließlich durch den Fleischwolf. So entsteht eine gröbere Bratwurstmasse, die wie Hackfleisch aussieht, in Franken aber »Bratwurstgehäck« genannt wird. Bevor Felicitas sie mit Jürgens Hilfe in hauchzarte Schafsdärme füllt und zu Würsten abdreht, würzt und probiert sie noch die rohe Wurstmasse. Und findet sie so fein, dass sie Jürgen nur zustimmen kann: »Fränkisches Sushi« ist das, meint er. Eine Wurst ist eben immer so gut, wie das, was in sie reinkommt!

BRATWÜRSTE MIT FRÄNKISCHEM KARTOFFELSALAT

In Franken kommt Speck in den Kartoffelsalat – auf Mayonnaise wird verzichtet.

ZUTATEN

- 750 g mittelgroße, mehlig kochende Kartoffeln
- 2 Lorbeerblätter
- 1 TL Kümmel
- 200 ml Gemüsebrühe
- 3 Schalotten
- 10 Cornichons
- 100 g Bacon
- 2–3 EL Branntweinessig
- Salz
- 1 große Prise Zucker
- 1 große Prise schwarzer Pfeffer, frisch gemahlen
- Senf nach Belieben
- 1 kleines Bund Liebstöckel
- 2 EL neutrales Öl
- 8 Bratwürste

FÜR 4 PORTIONEN

SO GEHT'S

1. Kartoffeln in Salzwasser mit Lorbeer und Kümmel 25 bis 30 Minuten kochen. In einem zweiten Topf die Gemüsebrühe erwärmen.
2. Schalotten schälen, hacken und zur Gemüsebrühe geben. Cornichons in kleine Würfel schneiden und den Bacon ebenfalls würfeln. Bacon in einer Pfanne ohne Fett braten.
3. Sobald sie gar sind, die Kartoffeln abgießen und pellen, noch heiß in Scheiben schneiden und mit der gewürzten Gemüsebrühe und dem Branntweinessig mischen. Kräftig mit Salz, Pfeffer und Zucker abschmecken. Wer mag, gibt noch einen Teelöffel Senf zum Dressing.
4. Liebstöckel hacken und mit dem Öl und dem knusprig gebratenen Bacon unter den Salat heben.
5. Bratwürste im ausgelassenen Fett des Bacons in einer Pfanne braten oder auf dem Rost grillen.
6. Je zwei Würste mit einer Portion Kartoffelsalat anrichten. Fertig ist eine fränkische Spezialität, optimal für die Grillsaison!

TIPPS

1. Vorwiegend festkochende oder speckige Kartoffeln sind für den Kartoffelsalat ideal.
2. Damit der Salat schön schlotzig wird, ist es wichtig, die Kartoffeln heiß ins Dressing zu schneiden.
3. Wer das Dressing mit Senf würzen möchte, nimmt am besten mittelscharfen.
4. Damit die Bratwürste außen kross und innen saftig bleiben, brät man sie langsam bei mittlerer Hitze.

ES GIBT KARTOFFELN

8 FELICITAS TRIFFT

HEIDI UND ANDREAS KAISER · LANDWIRTE UND SPEZIALISTEN FÜR EDLE KARTOFFELSORTEN

WINDSPIEL MANUFAKTUR · WODKA- UND GIN-DESTILLERIE MIT EIGENEM KARTOFFELANBAU

RENATE MÜLLER (»OMA RENATE«) · THÜRINGER KLÖSSE-KÖCHIN MIT ÜBER 60-JÄHRIGER ERFAHRUNG

Sie heißen »Linda«, »Sieglinde« oder »Quarta«, sind knackig-speckig, festkochend oder auch mehlig, haben milde, fast buttrige Aromen – und müssen oft genug doch nur als schnöde Beilage herhalten. Dabei haben sie geschmacklich absolut das Zeug zum Star! Zwischen 400 und 600 Kartoffelsorten gibt es Schätzungen zufolge weltweit. Gut zehn Millionen Tonnen der nahrhaften Nachtschattengewächse werden allein in Deutschland jährlich geerntet. Doch viele traditionelle heimische Sorten sind bei uns in Vergessenheit geraten.
Gut, dass es die Retter der deutschen Kartoffelkultur gibt! Von ihnen möchte die Foodtruckerin wissen, was die tollen Knollen so alles draufhaben, und welchen Weg eine Kartoffel vom Acker bis auf den Teller, respektive in die Flasche, gehen muss. Felicitas besucht Heidi und Andreas Kaiser, die auf ihrem Kartoffelhof 128 verschiedene Kartoffelsorten ernten. In der Wodka-Destillerie »Windspiel« lernt sie, wie wichtig stärkehaltige Kartoffeln für einen richtig guten Wodka sind. Und in Thüringen bei »Oma Renate« ist sie in der Küche mit dabei, wenn echte Thüringer Klöße – ein regionales Heiligtum! – noch von Hand gerollt und gefüllt werden.

Mit Kartoffeln zu kochen, das ist echte Handarbeit, die richtig Spaß machen kann. Hier reibt Felicitas feine Speisekartoffeln auf der Mandoline. Nachher gibt's selbst gemachte Chips!

»SCHWARZER TEUFEL« UND »MISS BLUSH«

HEIDI & ANDREAS KAISER

- Die studierte Agraringenieurin und ihr Mann Andreas sind Spezialisten für Edelkartoffeln.
- Jedes Jahr ernten und lagern sie auf ihrem Hof 128 verschiedene Sorten.
- Besonders stolz sind sie unter anderem auf ihre »Bamberger Hörnchen«.
- In ihrem Hofladen »Erlebnisernte« verkaufen sie neben Kartoffeln auch Kürbisse und Blumen.

Der Name ist Programm: Das Kartoffelgut »Eichenhof« von Heidi und Andreas Kaiser liegt in Pettstadt bei Bamberg. Aus Franken kommen auch die berühmten »Bamberger Hörnchen«. Wie so viele historische Kartoffelsorten waren sie bis vor ein paar Jahren vom Markt nahezu verschwunden. Doch als Heidi und Andreas den Eichenhof übernahmen, merkten sie ziemlich bald, dass die Nachfrage nach alten Sorten wieder steigt. Also begannen sie, »Bamberger Hörnchen« anzubauen und hielten Ausschau nach weiteren in Vergessenheit geratenen, heimischen Sorten. Bald waren sie mit ihrer Spezialisierung auf edle Speisekartoffeln so erfolgreich, dass sie heute nicht weniger als 128 verschiedene Kartoffelsorten pro Jahr ernten und verkaufen.

GRÜNES LICHT FÜR EDLE KNOLLEN

Als Felicitas Heidi und Andreas auf ihrem Hof besucht und ihnen dabei zur Hand geht, eine Ernteladung »Bamberger Hörnchen« auf der Sortiermaschine auszulesen, wird ihr bewusst, warum Spezialkartoffeln in der heutigen Zeit nicht als Massenprodukt geeignet sind, aber sehr erfolgreiche Nischenware sein können. Die »Bamberger Hörnchen« zum Beispiel haben eine längliche, knubbelige Form, ein bisschen wie Ingwer. Sie passen nicht in das Raster industrieller Sortiermaschinen und müssen deshalb einzeln von Hand ausgelesen werden. Felicitas hilft Andreas, zu kleine, beschädigte oder nicht ganz reife Hörnchenkartoffeln auszusortieren. Anschließend füllt sie die sortierten Edelknollen in reißfeste Netze für den Verkauf. Dabei herrscht in der Lagerhalle ein gedämpftes, grünes Licht. Tageslicht oder weißes Kunstlicht würde die Kartoffeln schnell keimen lassen.

Neben »Bamberger Hörnchen« stapeln sich in Heidis und Andreas' Lagerhalle noch unzählige andere köstliche Sorten: violette, rötliche, orangefarbene Speisekartoffeln, Sorten mit klingenden Namen wie »Schwarzer Teufel«, »Miss Blush«, »Fleur bleu«, »Linzer Rose« oder »Blauer Schwede«. Sie zeichnen sich durch ein dekorativ gemustertes Fruchtfleisch aus, sehen auf dem Teller zum Anbeißen aus und punkten mit etwas Einzigartigem: einem intensiven, unverwechselbaren Geschmack. Deshalb sind sie auch viel zu schade, um nur als Beilage herzuhalten, findet Felicitas. Und bereitet in ihrem Foodtruck aus einer besonderen Riesenkartoffel-Sorte ein mediterranes Gericht zu, das die edlen Nachtschattengewächse mal wieder so richtig ins Rampenlicht stellt!

Der Anbau edler Speisekartoffeln erfordert viel Know-how: Heidi Kaiser hat Agrarökonomie studiert und kennt sich bestens mit exotischen Edelknollen und alten Kartoffelsorten aus. 128 Sorten erntet und lagert sie mit ihrem Mann Andreas auf dem Eichenhof.

Yale
Kaiser
Yale

Kartoffeln sind viel zu lecker, um nur eine Beilage zu sein. Bei dieser türkischen Variante der Baked Potatoes dürfen sie endlich mal die Hauptrolle spielen – und dank der verschiedenen Toppings werden sie zum echten Geschmackserlebnis.

TIPPS ZU OFENKARTOFFELN

1. Man kann die Knollen auch in der Glut eines Lagerfeuers eine Stunde ziehen lassen.
2. Bevor ich die Butter draufgebe, lockere ich die Kartoffeln innen mit einer Gabel etwas auf.
3. Beim Feta auf gute Qualität achten: Er sollte schön cremig sein.

FÜR 4 PORTIONEN

KUMPIR – OFENKARTOFFELN AUF TÜRKISCHE ART MIT COUSCOUS-SALAT UND MEDITERRANEN TOPPINGS

ZUTATEN

- Alufolie zum Einwickeln
- 4 große festkochende Kartoffeln
- 4 EL Öl
- Fleur de Sel
- 150 g mittelalter Gouda
- 200 g Couscous
- 300 ml Gemüsebrühe
- 1 Handvoll entsteinte schwarze Oliven
- 5 Scheiben getrocknete Tomaten
- 2 Stängel Frühlingszwiebeln
- 1 Bund glatte Petersilie, fein gehackt
- 5 EL Olivenöl
- 1 Bio-Zitrone
- schwarzer Pfeffer, frisch gemahlen
- 1 EL Tomatenmark
- Zimt, gemahlen
- Kreuzkümmel, gemahlen
- ⅓ Salatgurke
- 1 rote Chilischote
- 100 g Fetakäse
- 2 Stängel frische Minze
- 1 EL Tomatenmark
- 1 EL neutrales Öl
- 30 g Pinienkerne
- 1 Knoblauchzehe
- 200 g Schmand
- etwas Butter

SO GEHT'S

1. Rohe Kartoffeln mit einer Gabel mehrmals einstechen und mit Öl und Fleur de Sel einreiben. Für jede Kartoffel ein Stück Alufolie ausbreiten und jede Knolle einzeln darin einwickeln.

2. Ofen auf 180°C Ober- und Unterhitze vorheizen. Die vier Kartoffel-Päckchen im Backofen 50 bis 60 Minuten garen. Den Gouda reiben – er wird für später gebraucht.

3. Gemüsebrühe aufkochen lassen und den Couscous darin nach Packungsanleitung garen.

4. Für das mediterrane Topping Nr. 1 die Oliven und getrockneten Tomaten grob hacken. Frühlingszwiebeln in feine Ringe schneiden. Alles mit der gehackten Petersilie, einem Esslöffel Olivenöl und dem Saft einer halben Zitrone in einer Salatschüssel vermengen. Salzen und pfeffern.

5. Sobald der Couscous fertig ist, mit dem Tomatenmark verrühren und mit Zimt und Kreuzkümmel kräftig würzen.

6. Gurke in Streifen schneiden, Chili von den Kernen befreien und hacken. Fetakäse grob zerbröseln und Minzeblättchen fein schneiden. Alles unter den Couscous heben und mit dem restlichen Olivenöl, Salz, Pfeffer und einem Spritzer Zitronensaft abschmecken.

7. Pinienkerne ohne Öl in der Pfanne kurz anrösten.

8. Für das Topping Nr. 2 den Knoblauch fein hacken. Schmand glattrühren und mit Knoblauch und Zitronenschalenabrieb würzen.

9. Die fertig gegarten Kartoffeln der Länge nach einschneiden und je ein Stück Butter darauf schmelzen lassen, salzen und mit dem geriebenen Gouda toppen.

10. Couscous-Salat und Toppings nach Lust und Laune über die Ofenkartoffeln geben. Lecker!

WINDSPIEL

WINDSPIEL
BARREL AGED
POTATO VODKA
42% vol.
0,5l

Vom Acker bis zur Flasche: Es ist ein weiter Weg, bis aus stärkehaltigen Kartoffeln der Vulkaneifel feinster Wodka wird. Felicitas ist von Beginn an dabei – und sehr erstaunt, wie schwer sich Kartoffeln aus der festen Lehmerde ziehen lassen.

GLASKLARE SACHE

WINDSPIEL MANUFAKTUR

- Der Name »Windspiel« ist eine Hommage an den Alten Fritz. Er liebte Hunde – und Kartoffeln.
- »Windspiel« stellt Premium-Wodka aus feinsten Kartoffeln der Vulkaneifel her.
- Der Landwirt Tobias Schwoll baut dafür eigens die stärkehaltige Sorte »Pirol« an.
- Brenn- und Destillateurmeister Holger lagert den mehrfach destillierten Wodka in Eschenfässern.

Kaum zu glauben, dass aus dunkler schwerer Lehmerde und erdverkrusteten Knollen eine so glasklare Sache wie edles Wodka-Destillat entsteht! Felicitas ist diesmal in der Vulkaneifel zu Gast und fährt gleich mal mit Bauer Tobias Schwoll hinaus aufs Feld. Tobias baut in der lehmhaltigen Eifeler Erde die Kartoffelsorte »Pirol« an. Sie ist wie geschaffen für Wodka, denn ihr Inneres hält bereit, was feine Destillate brauchen: sehr viel Stärke.

Beim Brennvorgang wandelt Hefe die Kartoffelstärke in Alkohol um. Je stärkehaltiger, desto mehr Wumms, könnte man sagen. Brenn- und Destillateurmeister Holger Borchers ist seit 2014 bei »Windspiel« für die Destillerie verantwortlich. Er weiß, was neben guten Kartoffeln die wichtigste Grundlage für feinen Wodka ist: Reinheit, und nochmal Reinheit. Aus 100 Kilo Kartoffeln können je nach Stärkegehalt 10 bis 13 Liter Wodka entstehen. Als Felicitas zu Besuch ist, kippt Holger 25 Tonnen Pirol-Kartoffeln vom Ladetrecker in die Waschstraße der Manufaktur. In einem aufwendigen, mechanischen Verfahren werden die Knollen hier mehrfach gründlichst gewaschen und dabei vollständig von Erde und Steinchen gesäubert. Erst wenn ihre Schale blitzblank glänzt, verarbeitet Holger sie zu Maische.

DEM ALTEN FRITZ SEI DANK

Das hätte sich der Alte Fritz nicht träumen lassen, dass aus seiner Liebe zu Kartoffeln mal flüssiges Silber werden würde. Der Preußenkönig förderte seit 1746 den Kartoffelanbau. Und liebte Windhunde! »Windspiel-Wodka« ist also eine Hommage an den königlichen Kartoffelfreund. Vor dem Ansetzen der Maische prüft Holger den Stärkegehalt der Kartoffeln, um den späteren Alkoholgrad des Wodkas genau justieren zu können. Mittels einer Waage misst er den Stärkegehalt der gewaschenen Kartoffeln fast bis aufs Gramm genau. In einem zweiten Schritt bestimmt er später den Stärkegehalt der Maische. Das ist der Brei aus zerkleinerten, gewaschenen Kartoffeln, Trinkwasser und Hefe. Dazu benutzt Holger ein Refraktometer. Es ermittelt durch Lichtbrechung die Konzentration des Stärkegehalts. Drei bis vier Tage gärt die Maische, dann wird gebrannt. Und natürlich möchte Felicitas wissen, wie das Ergebnis schmeckt. Denis Lönnendonker und Sandra Wimmeler, die Geschäftsführer der Manufaktur, laden sie zur Verkostung ein. Felicitas ist angetan: Kartoffeln im Glas schmecken wunderbar. Jetzt braucht es dazu nur noch eine ordentliche Grundlage. Zum Beispiel selbstgemachte Chips!

BUNTE KNOLLENGEMÜSE-CHIPS

Normalerweise gönne ich mir Chips nicht so oft. Aber diese selbstgemachten schon! Super kross, ohne Geschmacksverstärker und auch noch schnell gemacht – da kann man ohne schlechtes Gewissen zugreifen!

ZUTATEN

- Einige Knollen verschiedener, festkochender Kartoffelsorten
- 2 Knollen Rote Bete
- 2 Pastinaken
- ½ TL Fleur de Sel
- ein paar schwarze Pfefferkörner
- 500 ml Wasser
- 3 EL Essig
- 1 L Pflanzenöl
- Küchenpapier

FÜR 4 PORTIONEN

SO GEHT'S

1. Kartoffeln, Rote Bete und Pastinaken mit einer Gemüsebürste reinigen und kurz abbrausen.
2. Trocken tupfen.
3. Rote Bete und Pastinaken mithilfe einer Mandoline (Gemüsehobel) in dünne Scheiben schneiden.
4. Kartoffeln ebenfalls mit der Mandoline hobeln. Kartoffelscheiben einige Minuten in eine Schale Wasser mit etwas Essig legen und anschließend gründlich trocken tupfen.
5. Nun die Gewürzmischung zubereiten: Hierfür das Fleur de Sel mit einigen Pfefferkörnern in einem Mörser zerstoßen.
6. Pflanzenöl in einem hohen Topf auf 180°C erhitzen. Gemüsescheiben einzeln hineingleiten lassen und goldbraun frittieren.
7. Die krossen Gemüsechips aus dem Öl nehmen und auf Küchenpapier abtropfen lassen.
8. Chips in eine Schüssel geben, die Gewürzmischung drüberstreuen und alles kurz mischen – fertig!

TIPPS ZU CHIPS

1 Verschiedenfarbige Kartoffelsorten eignen sich besonders gut für dieses Rezept.

2 Durch das Einlegen in Wasser verlieren die Kartoffeln Stärke und werden schön kross.

3 Die Chips sind fast zu schade als einfacher Snack! Sie machen sich auch toll als farbliches Highlight auf Salaten oder anderen Gerichten.

DAS GLÜCK IST EINE KNOLLE

RENATE MÜLLER (»OMA RENATE«)

- Steht seit über 60 Jahren jeden Sonntag in der Küche und macht Thüringer Klöße
- Führte bis vor kurzem ihr eigenes Thüringer-Klöße-Restaurant in Schmölln
- Schwört beim Klößemachen auf zweierlei: eine alte Tischschleuder und Thüringer Kartoffeln

Im Thüringer Wald waren die Leute schon immer erfinderisch. Früher war das Leben hier besonders hart und entbehrungsreich. Wer selbst Kartoffeln anbaute, konnte sich glücklich schätzen und hatte den ganzen Winter über zu essen. So entstanden hier Spezialitäten aus Kartoffelteig, deren Ruf weit über die Region hinausreicht. Thüringer Klöße zum Beispiel. Die macht kaum jemand so gut wie »Oma Renate«. Seit mehr als 60 Jahren steht sie jeden Sonntag in der Küche, um ihre berühmten Klöße zu formen. Schwerstarbeit!

THÜRINGER DREIKLANG: ZWEI DRITTEL ROHE, EIN DRITTEL GEKOCHTE KARTOFFELN

Renate Müller macht noch alles von Hand: einen Teil Kartoffeln schälen, roh reiben und durchpressen, einen Teil kochen und pellen und dann beide Kartoffelmassen rasch und geschmeidig zu einem seidigen Teig verkneten, bis er bindet. Für echte Thüringer Klöße braucht man diese zwei Komponenten: zwei Drittel rohe Kartoffeln, die so trocken gepresst sein müssen, dass sie bröseln, und ein Drittel gekochte. Felicitas geht Renate in ihrer Küche zur Hand und erfährt dabei eines von »Oma Renates« bestgehüteten Geheimnissen: Zum Auspressen der roh geriebenen Kartoffelmasse nimmt sie ihre alte Tischschleuder. Das hat Felicitas' Oma tatsächlich auch schon so gemacht.

Ein Sonntag ohne Thüringer Klöße? Undenkbar für »Oma Renate«. Bei ihr kommt das Glück in Form von selbstgemachten Kartoffelklößen auf den Tisch. Dafür müssen jede Menge Knollen geschält werden. Gut, dass Felicitas ihr dabei hilft!

Ich liebe Gulasch! Mal klassisch, mal neu interpretiert, wie bei diesem Rezept mit Dörrpflaumen. Die verleihen der deftigen Sauce eine angenehm süße Note und harmonieren ganz wunderbar mit dem milden Geschmack der Kartoffelklöße.

FÜR 4 PORTIONEN

Faustregel beim Gulaschkochen: Immer genau so viele Zwiebeln wie Fleisch nehmen.

RINDERGULASCH MIT THÜRINGER KLÖSSEN UND GREMOLATA

ZUTATEN

- 2 kg mehlig kochende Kartoffeln
- 250 ml heißes Wasser
- 1 EL Kartoffelstärke
- 6 Scheiben Weißbrot
- 40 g Butter
- 1 kg Rindfleisch, z. B. aus der Keule
- 2 EL Butterschmalz
- Fleur de Sel
- 1 kg Zwiebeln
- ½ Knoblauchzehe
- 2 TL Paprikapulver
- 2 EL Tomatenmark
- 200 ml Rotwein
- 500 ml Rinderfond
- 2 Lorbeerblätter
- 1 TL Kümmel
- Salz, Pfeffer
- 1 Sternanis
- 6 Backpflaumen ohne Kern
- 30 g Pinienkerne
- 1 Bund glatte Petersilie
- 1 unbehandelte Orange

TIPP

Der Sternanis verleiht dem Rindergulasch das i-Tüpfelchen Geschmack

SO GEHT'S

1 Von den Kartoffeln 1 Kilogramm schälen, waschen und mit einer Küchenmaschine zu feinem Brei zerkleinern.

2 Um dem rohen Kartoffelbrei die Flüssigkeit zu entziehen, den Brei auf ein sauberes Küchentuch geben, zusammenpressen und so lange auswringen, bis der Teig trocken und bröselig ist.

3 Das andere Kilo der Kartoffeln schälen, kochen, abgießen und die Kartoffeln noch heiß stampfen.

4 Anschließend so viel heißes Wasser zum Kartoffelstampf geben und kräftig durchrühren, bis ein geschmeidiger Teig entsteht.

5 Die Kartoffelstärke mit dem fertigen Kartoffelstampf unter die trockenen Kartoffelbrösel rühren und alles gut mischen.

6 Für die original Thüringer Füllung das Weißbrot in Würfel schneiden und mit der Butter in einer Pfanne goldbraun rösten.

7 Für jeden Kloß eine Handvoll Teig mit Brotwürfeln füllen und zur Kugel rollen. Die vorbereiteten Klöße beiseite stellen.

8 Jetzt das Gulasch zubereiten. Dazu das Fleisch in mundgerechte Stücke schneiden, in drei Portionen in Butterschmalz anbraten und mit Fleur de Sel würzen. Sobald das Fleisch von allen Seiten angebraten ist, aus dem Schmortopf nehmen.

9 Zwiebeln schälen, fein würfeln und in den Topf geben, in dem das Fleisch gebraten wurde. Zwiebeln im Bratfond schmoren und die halbe Knoblauchzehe hinzufügen.

10 Paprikapulver und Tomatenmark dazu geben und mit den Zwiebeln rösten.

11 Mit Rotwein ablöschen. Die gebratenen Fleischstücke dazu geben.

12 Mit so viel Rinderfond aufgießen, bis alles komplett mit Flüssigkeit bedeckt ist.

13 Fleischsauce mit den Lorbeerblättern, Kümmel, Salz, Pfeffer und dem ganzen Sternanis würzen.

14 Das Gulasch bei mittlerer Hitze mindestens 1 Stunde vor sich hin köcheln lassen. Kurz vor dem Servieren die Backpflaumen unter die Soße heben und nochmals aufkochen lassen.

15 Die vorbereiteten Thüringer Klöße in siedendes Wasser legen und 20 Minuten ziehen lassen.

16 Inzwischen für die Gremolata die Pinienkerne in einer Pfanne ohne Öl rösten und anschließend hacken.

17 Petersilie ebenfalls hacken. Orangenschale abreiben und mit den Pinienkernen zur Gremolata mischen. Fertig ist das Thüringer Traditionsrezept – aufgepeppt à la Felicitas!

ES GIBT PILZE

9 FELICITAS TRIFFT

DIETER HONSTRASS · GRÜNDER DER MOBILEN PILZSCHULE IN HARBURG

HEINRICH GRETZMEIER · TRÜFFEL-PIONIER IN MERDINGEN

MICHAEL BÖGING · GESCHÄFTSFÜHRER VON DEUTSCHLANDS GRÖSSTER BIO-PILZZUCHT

Rötlich braun mit glänzendem Hut, leuchtend gelb und schrumpelig oder rot mit weißen Punkten. Etwa 6000 Pilzarten sind bei uns heimisch. Aber längst nicht alle sind genießbar. Nur etwa 150 Arten sind Speisepilze, 200 Sorten gelten als giftig, 15 davon sogar als tödlich. Doch wer einmal im Herbst mit einem Korb voller köstlicher Waldpilze nach Hause gekommen ist, der weiß, wie viel Spaß es macht, in die Pilze zu gehen. Aber auch Zuchtpilze werden in Deutschland immer beliebter. Insgesamt drei Kilo lassen wir Deutschen uns jedes Jahr pro Kopf schmecken. Darunter vor allem Champignons, aber auch Austernpilze, Kräutersaitlinge und Shiitake.

Auf ihrer Reise zu Deutschlands bestgehüteten Pilzplätzen lernt Felicitas ein paar echte Unikate kennen. Zum Beispiel Dieter, der in Harburg eine mobile Pilzschule gründete und Pilzfreunde bei ihrer Suche im Wald begleitet. Oder Heinrich, der die geniale Idee hatte, für Trüffeln einfach eine eigene Plantage anzulegen. Oder Michael, der in Emstek die größte Bio-Pilzzucht Deutschlands leitet. Bei ihm kann Felicitas Champignons direkt beim Wachsen zusehen.

Dank Dieter Honstraß' enormem Wissen kann Felicitas beim Pilzesammeln viele neue Sorten kennenlernen und ist stolz auf ihren vollen Korb.

Selbst gesammelt schmeckt noch mal so gut: Unter Dieters kundigem Blick hat Felicitas jede Menge leckere Waldpilze gesammelt. Die wandern nachher gleich in die Pfanne!

AUF DER SUCHE NACH DER »KRAUSEN GLUCKE«

Sie sieht aus wie ein Badeschwamm, nur ein bisschen heller. Doch anders als das Lebewesen aus dem Meer, schmeckt das schwammartige Gewächs aus dem Wald richtig lecker. Eine »Krause Glucke« wollte Felicitas immer schon gerne finden. Nur ist das nicht so einfach! Die Bedingungen dafür müssen stimmen. Das Wetter darf nicht zu kalt, nicht zu nass, aber auch nicht zu trocken sein. Und man muss die Lieblingsplätze dieses seltenen Speisepilzes kennen. Dieter Honstraß weiß das alles. Er ist schon seit seiner Kindheit heimischen Waldpilzen auf der Spur. Vor 15 Jahren hängte er seinen Beruf als Unternehmensberater an den Nagel und verwirklichte seinen Traum: Er gründete eine mobile Pilzschule. Seither hält er Vorträge, gibt Pilzkurse für Anfänger und Fortgeschrittene und begleitet Pilzfreunde bei ihrer Suche durch den Wald.

DIETER HONSTRASS

- Der Pilz-Fan aus Harburg interessierte sich schon als Kind für heimische Pilze.
- Ursprünglich arbeitete er als Unternehmensberater.
- Vor 15 Jahren beendete er seinen Beruf und gründete eine mobile Pilzschule.
- Seitdem berät er Pilzsammler und begleitet Anfänger bei der Pilzsuche durch den Wald.

PILZE WIE IM WUNDERLAND

Als Felicitas gemeinsam mit Dieter durchs Unterholz streift, finden die beiden tatsächlich ein paar ganz besondere Vertreter der Gattung Pilz: den violetten Lacktrichterling, ein paar Trompeten-Pfifferlinge, Seidenstreiflinge und kleinere Maronenröhrlinge. Diese Pilze sehen aber nicht nur zauberhaft aus, sondern sie schmecken auch köstlich nach Wald – und haben dabei jeweils ein eignes Aroma. Je länger Felicitas mit Dieter durch den Wald streift, desto mehr füllt sich ihr Korb mit duftenden Pilzen. Dieter kennt sich bestens damit aus, und so kann Felicitas darauf vertrauen, beim Kochen später nur genießbare Waldpilze zu verarbeiten. Doch leider will sich die »Krause Glucke« heute einfach nicht zeigen. Am besten wächst sie unter Kiefern, aber so lange Dieter und Felicitas auch durch den Kiefernwald streifen – von der »Glucke« fehlt jede Spur. Macht nichts. Der Korb ist so oder so vollgefüllt. Pilze haben eben auch ihren eigenen Kopf!

GEMISCHTE PILZPFANNE MIT GRILLED CHEESE SANDWICH

Im Spätsommer gibt es kaum etwas Schöneres, als raus in die Natur zu gehen und frische Waldpilze zu sammeln. Gerade diese haben ein besonders feines und besonderes Aroma

ZUTATEN

- 500 g gemischte Waldpilze
- 2 Schalotten
- 4 EL neutrales Öl
- 1 EL Butter
- 8 große Scheiben frisches Graubrot oder Weißbrot
- weiche Butter
- 200 g kräftiger Bergkäse
- 1 Knoblauchzehe
- Salz und schwarzer Pfeffer zum Würzen
- glatte Petersilie, in feine Streifen geschnitten
- ½ Zitrone

SO GEHT'S

1. Pilze nicht waschen, sondern mit einem Tuch oder Pinsel reinigen, sonst saugen sie sich mit Wasser voll und lassen sich nicht richtig braten. Größere Exemplare in Hälften, sehr große in Scheiben schneiden.
2. Schalotten fein hacken.
3. Öl in einer Pfanne sehr heiß werden lassen, und die Pilze darin mindestens acht Minuten anbraten. Dann die Hitze reduzieren, Schalotten und Butter dazugeben, mit Salz und Pfeffer würzen.
4. Für die Grilled Cheese Sandwiches die Brotscheiben großzügig mit Butter bestreichen.
5. Bergkäse reiben und die gebutterten Brotscheiben damit belegen, eine zweite Brotscheibe draufgeben und fest zusammenklappen. Butterseite nach außen.
6. Sandwiches in einer Pfanne bei mittlerer Hitze braten oder in einem Kontaktgrill grillen. Wer mag, gibt eine angedrückte Knoblauchzehe mit in die Pfanne.
7. Wenn die Sandwiches außen goldbraun und knusprig sind, ist der Käse im Inneren geschmolzen, und sie sind fertig.
8. Petersilie und einen Spritzer Zitronensaft zu den Pilzen geben, Sandwiches halbieren und alles zusammen anrichten.

FÜR 4 PORTIONEN

TIPPS

1 Hat man sehr viele Pilze, verteilt man sie am besten auf zwei Pfannen, damit sie von allen Seiten Farbe bekommen und schön knusprig braten können.

2 Bei der Zubereitung in der Pfanne, die Sandwiches mit einem passenden Topf beschweren, damit sie gut zusammengedrückt werden und der Käse besser schmilzt.

BESUCH BEI DEN »PILZKÖPFEN«

Auch bei Pilzen aus dem Handel werden wir Deutschen immer wählerischer. Bio-Pilze sind schwer nachgefragt. Der familienbetriebene Pilzhof in Emstek reagierte darauf und stellte seine Produktion komplett um. 1997 wurde der Hof gegründet. 2003 war der Betrieb komplett bio-zertifiziert. Seither wachsen hier feinste Speisepilze nach strengen Naturland-Richtlinien: braune und weiße Champignons, aber auch Kräutersaitlinge, Shiitake und Austernpilze.

AUF STROH GEBETTET

Pilze mögen es kühl. In den Hallen des Biopilzhofs herrschen deshalb frische fünf bis sechs Grad. Bei ihrem Besuch streift Felicitas durch einen richtigen Pilzwald: Reihe um Reihe schießen hier knackige, seidig glänzende Pilzköpfe aus dem Boden. Doch halt! Korrekterweise müsste man dazu nicht Boden, sondern Substrat sagen. Michael Böging erklärt Felicitas, worauf die Bio-Pilze am besten gedeihen: Champignons beispielsweise wachsen auf Stroh, das mit Hühnermist vermischt wird. Selbstverständlich ist beides hier ebenfalls streng biologisch zertifiziert. Wo »Bio« draufsteht, muss komplett Bio drin sein! Auch bei den anderen Pilzen ist das der Fall.

MICHAEL BÖGING

- Geschäftsführer von Deutschlands größter Bio-Pilzzucht
- Seit 2003 ist der Betrieb komplett auf ökologische Produktion umgestellt.
- Alle Pilze werden hier sorgfältig in Handarbeit geerntet.
- Neben Champignons gedeihen hier auch Austernpilze, Kräutersaitlinge und Shiitake.

Kräutersaitlinge und Shiitake werden auf dem Biohof ähnlich gezüchtet wie Champignons. Ihr Substrat besteht aus Bio-Holzspänen. Die Zusammensetzung verrät Micheal nicht: Betriebsgeheimnis!

Felicitas lernt, wie Pilze wachsen: Alle Substrate, ob Stroh oder Späne, sind mit Myzel infiziert. Diese Pilzstämme verflechten sich im Nährsubstrat. Sobald sie sich darin ausgebreitet haben, wird die Temperatur in den Hallen per Computersteuerung auf fünf bis sechs Grad gesenkt. Das Myzel zieht sich zusammen und bildet auf der Oberfläche des Substrats Fruchtkörper aus: Die Pilze schießen quasi aus dem Boden. Bei guten Bedingungen so schnell, dass man ihnen im Laufe eines Tages sogar fast beim Wachsen zusehen könnte. Doch so viel Zeit hat Felicitas nicht. Der Foodtruck wartet! Es gibt eine vegetarische asiatische Ramen-Suppe mit Pilzen!

Unter optimalen Bedingungen wachsen Pilze ziemlich schnell. Felicitas ist zu Besuch auf dem Bio-Pilzhof und lernt dabei, dass die Fruchtkörper der Pilze innerhalb eines Tages ihre Größe verdoppeln können.

RAMEN-SUPPE MIT PILZEN

Diese moderne Suppe mit Algen, Kräutersaitlingen, Ingwer und Chili schmeckt nicht nur Vegetariern. Dank des tollen Pilzaromas wird die Brühe auch ohne Fleisch sehr geschmackvoll.

ZUTATEN

- 200 g Shiitake
- 2 EL neutrales Öl zum Braten
- 1 Zwiebel
- 1 Bund Suppengemüse
- 1 daumengroßes Stück Ingwer
- 2 Eier (optional)
- 400 g Kräutersaitlinge
- 1 Knoblauchzehe
- 1 Packung Ramen-Nudeln (250 g)
- 1 Blatt Nori-Algen
- 2 Frühlingszwiebeln
- 1 frische Chilischote in Scheiben (Sorte je nach Geschmack)
- 2 Handvoll frischer, geputzter Babyspinat
- Sojasauce, Salz, Zucker, frisch gepresster Limettensaft
- schwarzer Pfeffer, frisch gemahlen
- 1 kleine Handvoll frische Korianderblätter

FÜR 4 PORTIONEN

SO GEHT'S

1. Shiitake-Pilze in Scheiben schneiden. Das Suppengemüse putzen und Würfeln. Die Zwiebeln ebenfalls grob würfeln. Dann zuerst die Pilze mit etwas neutralem Öl in einem Suppentopf anbraten. Dann die restlichen Schalotten klein schneiden, Knoblauchzehe schälen, beides zu den Pilzen geben und mitbraten.

2. Die Pilz-Gemüse-Mischung mit geriebenem Ingwer würzen und mit etwa 2 Litern Wasser ablöschen.

3. Suppe mindestens eine dreiviertel Stunde bei mittlerer Temperatur köcheln lassen.

4. In der Zwischenzeit die Toppings zubereiten: Eier 6 Minuten wachsweich kochen, abschrecken, pellen und längs in Hälften schneiden. Ramen-Nudeln nach Packungsanleitung kochen und abgießen. Nori-Algenblatt in schmale Streifen schneiden.

5. Kräutersaitlinge mit einem Pinsel oder Küchentuch abreiben und in Scheiben schneiden. Etwas neutrales Öl in einer Pfanne erhitzen und die Kräutersaitlinge kräftig anbraten. Wer mag, gibt eine angedrückte Knoblauchzehe mit in die Pfanne. Wenn die Pilze goldbraun sind, mit Salz und Pfeffer würzen.

6. Frühlingszwiebeln und Chili in feine Ringe schneiden.

7. Blattspinat bereitstellen.

8. Suppe durch ein Sieb gießen und mit Sojasauce, Salz, Zucker und etwas Limettensaft abschmecken.

9. Zum Anrichten eine gute Handvoll gekochte Nudeln in eine Suppenschale geben, so viel Suppe drüberschöpfen, dass sie gut bedeckt sind.

10. Jede Suppenschale nach Geschmack toppen: mit einem halben Ei, etwas Chili, Frühlingszwiebeln, einigen Blättern Babyspinat, Nori-Algen-Streifen und den gebratenen Pilzen. Wer mag, würzt noch mit frischen Korianderblättern und etwas Chili!

TIPPS

1. Wenn die Suppe köchelt, schöpfe ich die Trübstoffe mit einer Schaumkelle ab.
2. Wer mag, bereitet die Suppe vegan zu. Dafür einfach die Eier weglassen.
3. Pilze sind voll von »Umami« – dem Geschmack, der für Herzhaftigkeit steht.

Trüffelsuche ist Glückssache. Auch auf der hofeigenen Trüffelplantage hat man dabei nicht immer Erfolg. Trüffeln sind kapriziös: Sie brauchen Zeit zu reifen und das richtige Wetter, um zu wachsen.

DER GENIALE TRÜFFELTRICK

Während andere Feinschmecker die kostbaren Trüffeln für sportliche Preise beim Feinkosthändler ihres Vertrauens kaufen müssen, schnappt sich Heinrich Gretzmeier einfach seine Hündin Alba und geht mir ihr hinaus aufs Feld. Heinrich kommt aus einer traditionsreichen Wein- und Obstanbau-Familie. Schon seit 1849 stellen die Gretzmeiers in der eigenen Brennerei Obstler her. Die Früchte dafür wachsen auf fünf Hektar Grund. Seit 1988 arbeitet Heinrich Gretzmeier auf seinem Gut zertifiziert ökologisch.

»SUCH', ALBA!«

Zwischen den Weinreben des Familiengrunds befindet sich eine größere Brachfläche. Für dieses Stück Land hatte Heinrich vor zwölf Jahren eine geniale Idee. Er liebt guten Wein, er schätzt feines Essen. Und er liebt das Aroma von Trüffeln. Warum also nicht versuchen, eine eigene Trüffelplantage anzulegen? Nach längerer Suche stieß Heinrich auf die Baumschule »Deutsche Trüffelbäume« am Bodensee. Sie züchtet Haselnusssträucher und Eichenbäume, die mit dem sogenannten Trüffelmyzel infiziert sind, so heißt das unterirdisch wachsende Pilzgeflecht in der Fachsprache. Vom Einpflanzen der Bäume und Sträucher bis zur ersten Trüffelernte vergingen sieben Jahre. Damit die Trüffelsuche Erfolg hat, braucht Heinrich aber noch eine Expertin an seiner Seite: Alba, die Lagotto-Romagnolo-Hündin. Diese Hunderasse stammt aus Italien und wird dort für die Trüffelsuche eingesetzt. Felicitas kann es kaum erwarten, Alba beim Trüffel-Schnüffeln zu begleiten. Zu dritt ziehen sie los – Heinrich, Felicitas und die Hündin. Doch so sehr Alba auch versucht, Witterung aufzunehmen und zwischen den Bäumen und Sträuchern schnuppert, Trüffel scheint es gerade keine zu geben. Vermutlich sind sie einfach noch nicht reif und haben noch zu wenig Aroma. So kann Alba sie nicht riechen. Zum Glück war die Hündin eine Woche vorher erfolgreicher. So bekommt Felicitas von Heinrich zum Kochen einfach einen Trüffel geschenkt.

HEINRICH GRETZMEIER

- Betreibt auf dem familieneigenen Wein- und Obstbaugut eine Trüffelplantage
- Das ökologisch zertifizierte Gut mit eigener Brennerei geht bis auf das Jahr 1849 zurück.
- Heinrichs Hündin Alba kommt aus Italien und ist auf Trüffelsuche spezialisiert.
- Sowie die hofeigene Straußwirtschaft geöffnet hat, kann man dort Flammkuchen mit Trüffeln, Weine und hauseigene Destillate kosten.

TATAR MIT TRÜFFELMAYONNAISE, FRISCH GEHOBELTEN TRÜFFELN UND KROSSEN BROTCHIPS

ZUTATEN

- 1 ganz frisches Ei (Zimmertemperatur)
- 1 TL Senf
- 100 ml neutrales Öl
- 50 ml Olivenöl
- ein paar Spritzer Zitronensaft
- 1 kleiner Burgundertrüffel (ca. 20 g)
- 300 g Rinderfilet
- 2 Schalotten
- 2 Sardellenfilets in Öl, fein gehackt
- 1 Bund Schnittlauch, fein gehackt
- Chiliflocken
- frisches Grau- oder Weißbrot in ganz dünnen Scheiben
- Butter zum Braten
- 1 Knoblauchzehe
- Salz; schwarzer Pfeffer, frisch gemahlen

FÜR 4 PORTIONEN

Hier gibt's endlich einmal Trüffeln satt. Also bitte gerne richtig viel feinen Trüffel über das Gericht hobeln!

SO GEHT'S

1. Ei trennen, Eigelb in eine Schüssel geben und mit dem Senf verrühren.
2. Nun das Öl langsam in dünnem Strahl dazugießen. Dabei kräftig mit dem Schneebesen schlagen, bis die Mayonnaise anzieht und cremig wird.
3. Sobald die gewünschte Konsistenz erreicht ist, die Mayonnaise mit Salz, Pfeffer und Zitronensaft abschmecken.
4. Trüffel mit einem Trüffelhobel in die Mayonnaise hobeln (dabei nicht geizig sein!).
5. Für das Tatar das Filet (falls nötig) von Fett und Häuten befreien und mit einem scharfen Messer in feinste Würfel schneiden.
6. Schalotten ebenfalls fein hacken.
7. Das Fleisch mit den gehackten Schalotten, Sardellen und dem Schnittlauch mischen und salzen und pfeffern.
8. Für die Brotchips einige dünne Brotscheiben in einer Pfanne in Butter rösten, dabei die angedrückte Knoblauchzehe mit in die Pfanne geben. Die kross gebratenen Brotchips mit Salz und Pfeffer würzen.
9. Rindertatar mit der Trüffelmayonnaise und den Brotchips anrichten und zum Schluss nochmals großzügig frischen Trüffel drüber hobeln.

TIPPS ZU MAYONNAISE

1. Für die Mayonnaise ist es wichtig, dass alle Zutaten Zimmertemperatur haben. Nur so verbinden sie sich zu einer Emulsion.
2. Das Eiweiß in einem Schraubglas aufheben und anderweitig verwenden (z. B. für Rührei).

ES GIBT OBST

10 FELICITAS TRIFFT

HANS & VALENTIN REBHOLZ · »WEINGUT ÖKONOMIERAT REBHOLZ« IN DER SÜDPFALZ

RALF SCHMITT · TROPENHAUS »KLEIN EDEN« IN TETTAU AM RENNSTEIG

Ananas, Kiwi oder Birne – kaum etwas ist so vielseitig und in solcher Fülle in Deutschland erhältlich wie Obst. In unseren Supermarkt-Regalen finden wir schon lange nicht mehr nur saisonale Früchte, sondern auch immer mehr farbenfrohe Exoten. Trotzdem ist der Apfel nach wie vor die beliebteste Frucht der Deutschen. Rund 25 Kilo jährlich essen wir Deutschen pro Kopf von unserer Lieblingsfrucht, backen daraus Kuchen oder kochen Kompott. Dann erst folgt die Banane mit gut 10 Kilo. Den dritten Platz nehmen mit rund 6 Kilo pro Jahr und Kopf die Tafeltrauben ein.

Aber natürlich kann man die Trauben nicht nur pur genießen, sondern aus ihnen auch Wein herstellen. Und das hat bei uns Tradition. Felicitas besucht die Winzerfamilie Rebholz. Deren Weingut hat eine Geschichte, die bis ins Mittelalter zurückreicht. Sie ist bei der Lese mit dabei und lernt, dass die Arbeit für einen guten Wein nicht erst im Keller, sondern bereits im Weinberg beginnt. Bei ihrer zweiten Station in Oberfranken erwartet sie dann eine Sensation: Bei Ralf Schmitt wachsen exotische Früchte im Gewächshaus, in enger Nachbarschaft mit tropischen Fischen – klar, dass Felicitas hier ganz viel Inspiration für ihren Foodtruck findet.

Südseefeeling in Oberfranken: Im Tropenhaus »Klein Eden« wachsen exotische Früchte und Kräuter in Hülle und Fülle. Felicitas fühlt sich wie im kulinarischen Urlaubsparadies.

BERGPAPAYAS AUS OBERFRANKEN

RALF SCHMITT

- Hat im oberfränkischen Tettau am Rennsteig ein Tropen-Gewächshaus mit aufgebaut
- Dort werden exotische Früchte und tropische Fische in Bio-Qualität gezüchtet.
- Die herausragende Qualität und Reife der Produkte überzeugt auch Sterneköche.
- Das Tropenhaus wird komplett mit der Abwärme der nahegelegenen Glashütte beheizt.

Ein Schirm aus Bananenblättern, ein Dach aus Kokospalmen, leuchtend rote Kaffeekirschen und ein ganzer Baum voller reifer Avocados – um das zu erleben und zu sehen, reist Felicitas nicht auf die Südhalbkugel, sondern einfach an den Rennsteig zu Ralf Schmitt. Denn hier wurde vor Jahren eine geniale Idee geboren: Warum nicht mit der Abwärme der nahegelegenen Glashütte ein tropisches Glashaus bauen? Warum nicht im rauen Frankenland exotische Früchte und tropische Speisefische kultivieren? Aus dem Gedankenblitz entstand das 3.500 Quadratmeter große Tropenhaus »Klein Eden«. Das Konzept ging auf. Der Sternekoch Alexander Herrmann kauft hier Guaven und Kakaobohnen, Litschis, Mangos, Bergpapayas, Kaffirlimetten, Bananenblüten, Chilis und Zitronengrasstängel für sein Restaurant.

EINMAL NILBUNTBARSCH, BITTE!

Das Tropenhaus ist ein Besuchermagnet. Klar, dass sich auch Felicitas diese ökologische und kulinarische Besonderheit ganz genau ansieht. Klein Eden ist einmalig in Deutschland. Wo gibt es hierzulande sonst regionale Bananen? Und wo ist es so einfach, unter verschiedenen Chilisorten die genau passende für das nächste Rezept auszuwählen? Bei angenehmen tropischen Temperaturen lernt Felicitas während ihres Rundgangs alle pflanzlichen und tierischen Bewohner des oberfränkischen Paradieses kennen. Ralf zeigt ihr das Becken mit den Nilbuntbarschen. Das sind Speisefische, die bei uns auch unter dem Namen »Tilapia« bekannt sind. Sie kommen normalerweise tiefgefroren in den Restaurantküchen an. Bei Ralf gibt es sie ganz frisch. Genauso wie die Südfrüchte. In »Klein Eden« können sie ausreifen, haben dadurch mehr Vitamine und schmecken besser. Tropische Genüsse aus der Region – das imponiert Felicitas!

Ralf Schmitt kostet am Foodtruck, was Felicitas aus seinen tropischen Früchten gemacht hat: knuspriger Barsch mit fruchtigem Curry.

FRITTIERTER NIL-BUNTBARSCH MIT PAPAYA-CURRY

ZUTATEN

- 2 Schalotten
- 1 Knoblauchzehe
- 2 rote Thai-Chilischoten
- 1 daumengroßes Stück Ingwer
- 1 Stängel frisches Zitronengras
- 1 TL Kurkuma
- 1 l neutrales Öl, z. B. Erdnussöl
- 1 Dose Kokosmilch
- 4 Kaffirlimetten-Blätter
- 1 mittelgroße, reife Papaya
- 2 EL Sojasauce
- 1 Prise brauner Zucker
- Saft und Abrieb von 1 Bio-Limette
- 1 EL Fischsauce
- 1 Handvoll Thai-Basilikum
- 1 Handvoll Erdnüsse oder Cashewnüsse, geröstet und grob gehackt
- 1 Nilbuntbarsch, geschuppt und ausgenommen
- Salz
- schwarzer Pfeffer, frisch gemahlen
- 2 EL Speisestärke

FÜR 4 PORTIONEN

Feurige Chili, duftige Zitrusaromen und dazu der süße Duft von Kokosnuss und Papaya – Südseeträume auf dem Teller!

SO GEHT'S

1. Für das Curry die Schalotten und die Knoblauchzehe fein hacken. Thai-Chilis in feine Ringe schneiden, Ingwer schälen und reiben.
2. Etwas Öl in einem Topf erhitzen. Die vorbereiteten Gewürze inklusive Kurkuma bei mittlerer Temperatur anschwitzen, mit Kokosmilch ablöschen und leise köcheln lassen.
3. Das frische Zitronengras in feine Scheiben schneiden und mit den Kaffirlimetten-Blättern zum Curry geben.
4. Papaya in 1 Zentimeter große Würfel schneiden und ebenfalls zum Curry geben. Alles 15 Minuten einkochen lassen, dann mit Sojasauce, braunem Zucker, Limettensaft und Fischsauce abschmecken. Kurz vorm Anrichten das grob geschnittene Thai-Basilikum und die Nüsse drüberstreuen.
5. Während das Curry kocht, den Liter Öl in einem großen Wok oder einer großen, tiefen Pfanne erhitzen: ideal sind etwa 180°C.
6. Nilbuntbarsch salzen und pfeffern in der Speisestärke wenden und mit einem scharfen Messer auf jeder Seite zwei- bis dreimal bis auf die Mittelgräte einschneiden. So gart er schneller und gleichmäßiger. Innen und außen mit Pfeffer und Salz würzen und vorsichtig ins heiße Öl gleiten lassen. Nach etwa 2 bis 3 Minuten im Öl wenden. Wenn der Fisch hellbraun und knusprig ist, ist er fertig. Das Curry separat dazu servieren.

TIPPS

1 Je nach Schärfe der Chilis und persönlichem Geschmack kann man die Kerne entweder entfernen oder auch gern mehr Chilis verwenden!

2 Wenn das Zitronengras schon leicht trocken ist, drücke ich es der Länge nach mit einem Messerrücken an und lasse es im Ganzen im Curry ziehen.

3 Die perfekte Gar-Temperatur für das Öl prüfe ich, in dem ich einen Holzlöffel eintauche: Steigen rund um den Löffel Bläschen auf, stimmt die Temperatur.

Glück im Glas fängt im Weinberg an. Das lernt Felicitas bei ihrem Besuch im Weingut Rebholz. Tatkräftig hilft sie bei der Lese der Spätburgundertrauben mit. Der Zeitpunkt ist genau richtig: Das Wetter ist trocken, und die Reben haben genügend Zucker gebildet.

DIE REBEN DER FAMILIE REBHOLZ

HANS & VALENTIN REBHOLZ

- Die Zwillingsbrüder übernahmen von ihrem Vater Hansjörg das Familienweingut.
- Die Familie Rebholz macht bereits seit dem Mittelalter in der Südpfalz Wein.
- Seit 2005 betreiben sie auf dem Gut ökologischen Weinbau.
- Naturbelassene und terroir-betonte Weine mit Charakter sind ihre Spezialität.

Einige Monate zuvor ist Felicitas mit dem Fahrrad durch die wunderschöne Südpfalz geradelt und hat dort die Weinberge bewundert. Nun darf sie selbst an den Rebstöcken stehen und saftige Trauben von Hand verlesen.

Sie ist bei Familie Rebholz, deren Name Bände spricht, denn hier wird seit dem Mittelalter Wein gemacht. Felicitas trifft Valentin und Hans Rebholz, die den Betrieb von ihrem Vater Hansjörg übernommen haben. Stolz zeigen sie Felicitas ihre »alten Reben« – Gewürztraminer-Rebstöcke, die schon ihr Urgroßvater gepflanzt hat. Die Zwillingsbrüder führen fort, was ihr Vater begonnen hat. Rebholz ist seit 2005 ein ökologisch betriebenes Weingut. Herbizide, chemische Fungizide und Mineraldünger haben hier nichts zu suchen. Je natürlicher das Bodenleben, je eigenständiger sich Humus, Flora und Fauna der Weinberge entwickeln, desto stärker bildet sich das Terroir der Reben aus. Der unverwechselbare Charakter von Boden und Klima geht in den Geschmack der Trauben über und prägt später den Wein.

HANDVERLESEN

Auch im Keller wollen Hans und Valentin ihre Weine nicht schönen, etwa durch die Zugabe von Zucker. Die Grundlage für alles Weitere ist die sorgfältige Arbeit bei der Weinlese. Auch der Erntezeitpunkt muss stimmen! Felicitas kommt da genau im richtigen Moment. Die Spätburgundertrauben in einer der besten Lagen des Weinguts haben die perfekte Reife. Jetzt muss es schnell gehen. Da ist jede Hilfe willkommen! Felicitas lernt, die Trauben direkt im Weinberg von Hand zu verlesen. Sie schneidet alle faulen oder schimmeligen Beeren vorsichtig heraus. Nur perfekte Trauben kommen zur Gärung in die Edelstahltanks und anschließend für zwei Jahre ins Barrique-Fass. So lange muss Felicitas aber nicht warten. Sie darf nach einem glücklichen Tag im Weinberg auf die erfolgreiche Lese anstoßen. Zum Wohl!

LUXUS-TOAST HAWAII MIT REHRÜCKEN

Klassiker relaoded: Felicitas »pimpt« das Original mit würzigem Gruyère und edlem Fleisch vom Reh. Da vermisst garantiert niemand die Cocktailkirsche!

ZUTATEN

- 1 ausgelöster Rehrücken
- neutrales Öl zum Braten
- 2 Knoblauchzehen
- einige Zweige frischer Rosmarin und Thymian
- Salz; schwarzer Pfeffer, frisch gemahlen
- 6 Scheiben Bacon
- ½ Laib Kastanienbrot
- Butter zum Braten
- einige dicke Scheiben Gruyère
- 1 Handvoll Spätburgundertrauben

FÜR 4 PORTIONEN

SO GEHT'S

1. Backofen auf 90°C vorheizen.
2. Rehrücken in zwei Zentimeter dicke Medaillons schneiden, in einer Pfanne in heißem Öl anbraten bis sich Röststoffe bilden. Zum Aromatisieren kommen eine angedrückte Knoblauchzehe und ein paar Zweige Rosmarin und Thymian in die Pfanne.
3. Mit Salz und Pfeffer würzen und für 20 bis 25 Minuten im vorgeheizten Backofen ruhen lassen.
4. In der Zwischenzeit den Bacon in der Pfanne ohne Fett auslassen, dann heraus nehmen. Das Brot in Scheiben schneiden und in der Baconpfanne in 1 EL Butter anbraten, dabei die zweite Knoblauchzehe mit in die Pfanne geben.
5. Wenn die Reh-Medaillons innen schön rosa sind, die gerösteten Brotscheiben mit dem Fleisch und je einer Scheibe Gruyère belegen und im Ofen bei Oberhitze gratinieren.
6. Weintrauben waschen, trocken tupfen und in der Pfanne, in der der Rehrücken angebraten wurde, kurz schwenken und karamellisieren lassen. Auf den Rehrücken-Toasts anrichten.

TIPPS ZU ZUM LUXUS-TOAST

1. Wer kein Kastanienbrot bekommt, nimmt einfach italienisches oder französisches Landbrot.
2. Statt Gruyère passt auch ein anderer würziger Bergkäse, zum Beispiel aus dem Allgäu.
3. Anstelle von Spätburgundertrauben schmecken auch andere reife, süße Traubensorten.

ES GIBT GETREIDE

11 FELICITAS TRIFFT

ANJA BAUMERT & ROMAN HÖLZL · ÖKO-GETREIDE- UND GEWÜRZBAUERN IN DER OBERPFALZ

BIO-BÄCKER LUTZ & RENÉ · SCHMILK'SCHE MÜHLE IN BAD SCHANDAU, SÄCHSISCHE SCHWEIZ

THEO LIGTHART · PROJEKT »DAS KORN«, »PREUSSISCHE SPIRITUOSEN MANUFAKTUR«, WEDDING

Wenn die Felder golden leuchten und die dicken Ähren sich im Wind wiegen, dann ist Erntezeit.

Monatelang haben Deutschlands Bauern darauf hingearbeitet. Ob Weizen, Roggen, Gerste, Hafer oder Dinkel, jetzt fahren die Landwirte ein, was später zu Mehl, Brot und Brötchen, Bier, edlen Spirituosen, Futter oder Müsli verarbeitet wird.

Doch wie genau funktioniert eigentlich so eine Ernte? Und was passiert, wenn das Getreide erst einmal eingebracht ist? Auf ihrer Reise während der Erntezeit möchte Felicitas genau das herausfinden. Sie trifft Anja und Roman Hölzl in der romantischen Oberpfalz. Die beiden führen einen Öko-Getreidehof samt eigener Alpaka-Herde. Bei ihnen lernt Felicitas, wie Getreide sortenrein gereinigt wird.

Zurück in der Hauptstadt, führt Theo Ligthart sie in der »Preussischen Spirituosen Manufaktur« in die Geheimnisse des guten, alten, echten Korns ein. Und bei Lutz und René, den leidenschaftlichen Bio-Bäckern und Müllern in der historischen Wassermühle im sächsischen Schmilka, macht Felicitas eine Art Zeitreise und taucht ein in die Welt des alten Müllerhandwerks – fast wie vor 100 Jahren.

Heiß und frisch aus dem Holzbackofen: Stolz präsentiert Felicitas ihr knuspriges Riesen-Flatbread aus bestem Bio-Dinkel, fein vermahlen in der historischen Wassermühle in Schmilka.

EIN KINDHEITSTRAUM WIRD WAHR

ANJA BAUMERT & ROMAN HÖLZL

- Ökolandwirte aus der Oberpfalz mit Getreide- und Gewürzkräuter-Anbau
- Seit 2016 bewirtschaften sie ihren gesamten Betrieb nach Demeter-Richtlinien.
- Weil sie Fenchel, Koriander und Kümmel anbauen, nennen sie sich auch »Kümmelbauern«.
- Auf ihrem Hof halten sie eine Herde mit zehn Alpakas, dazu Pferde, Schweine, Hühner und Jungrinder.

Schon von weitem sieht Felicitas die Alpakas. Anja Baumert und Roman Hölzl halten eine kleine Herde der hübschen, lustigen und sanften Kameltiere aus den Anden. Auf ihrem ökologisch betriebenen Demeter-Hof in der Oberpfalz haben sie alles auf das Wohl der Natur eingestellt. Nicht nur die Tiere leben hier artgerecht. Auch das Getreide wird von Anja und Roman so verantwortungsvoll gehegt, gepflegt und kultiviert, dass von der Bodenfruchtbarkeit über die Fruchtfolge bis zur Ernte ein nachhaltiger Kreislauf gelingt. Bevor sich Felicitas von Anja erklären lässt, wie das Getreide nach der Ernte sortenrein gereinigt wird, darf sie noch die Alpakas in ihrem Gehege streicheln. Davon hat sie schon als kleines Mädchen geträumt: Einmal mit Alpakas spielen! Bei Anja und Roman wird der Kindheitstraum wahr: Arbeit und Vergnügen in einem!

SORTENREIN UND OHNE STEIN

Aber jetzt geht's erst einmal rauf auf den Trecker! Mit Frauenpower fahren Anja und Felicitas den Traktor zur Scheune, laden nicht gereinigte Gerste aus dem Lager auf die Schaufel des Schleppers und bringen die Fuhre anschließend zur Reinigungsanlage. Dabei ist Fingerspitzengefühl gefragt, denn das kostbare Getreide hat einen langen und mühevollen Weg vom ersten Saatkorn bis zur Ernte hinter sich. Jetzt geht es an die Getreidereinigung – und zwar Sorte für Sorte. Kleine Steinchen, Stroh und andere Fremdkörper werden nacheinander ausgesiebt. Anja und Roman legen großen Wert darauf, ihr Getreide selbst professionell zu säubern. So gewährleisten sie die Sortenreinheit und ermöglichen ihren Kunden eine lückenlose Nachverfolgbarkeit jedes Arbeitsschritts. Neben Braugerste, Dinkel, Roggen und Triticale, einer Weizen-Roggen-Kreuzung, bauen die beiden auch ökologisch zertifizierte Gewürze wie Kümmel, Koriander und Fenchelsamen an. Damit wird Felicitas in ihrem Foodtruck gleich herzhafte Bratlinge zubereiten. Mal schauen, ob sie den Fleischesser Roman von dem vegetarischen Gericht überzeugen kann!

Bei Anja und Roman kocht Felicitas Dinkelbratlinge mit Blick auf die lustige, kleine Alpakaherde. Vorher ging's mit dem Schlepper raus aufs Feld. Und anschließend zum Getreidereinigen!

Kitchen

FÜR 4 PORTIONEN

DINKELBRATLINGE MIT INDISCHER TOMATENSAUCE

Diese knackige, goldbraun gebratene Alternative zu Frikadellen ist ein leckeres vegetarisches Gericht. Die scharfe Sauce gibt ihnen noch einen extra Kick!

ZUTATEN

- 200 g Dinkelkörner (oder Dinkelschrot)
- 1 Zwiebel
- 1 Knoblauchzehe
- 1 EL Butter
- 200 ml Gemüsebrühe
- 1 Karotte
- 1 Bund glatte Petersilie
- 1 Ei
- Abrieb 1 Bio-Zitrone
- 50 g Paniermehl
- neutrales Öl zum Braten
- 100 g Fetakäse, zerbröselt (Topping)

TOMATENSAUCE

- 1 Zwiebel
- 1 Knoblauchzehe
- 1 EL Butter
- 1 daumengroßes Stück frischer Ingwer
- 1 TL Koriandersamen
- Salz; 4 Pfefferkörner
- ½ TL Kreuzkümmel, gemahlen
- Chilipulver
- 400 ml passierte Tomaten
- 1 Lorbeerblatt
- 1 Sternanis
- eine Prise Zucker
- 2–3 EL helles Mandelmus
- 100 g Fetakäse

SO GEHT'S

1. Dinkelkörner in einer Küchenmaschine schroten (entfällt bei Dinkelschrot).
2. Zwiebel und Knoblauch fein hacken und in einem größeren Topf mit der Butter anschwitzen.
3. Dinkelschrot hinzugeben, mit Gemüsebrühe auffüllen und einmal aufkochen lassen. Hitze reduzieren und den Dinkel mindestens 60 Minuten in der Brühe quellen lassen.
4. Wenn der Dinkel gar ist, überschüssige Brühe durch ein Sieb abgießen. Rückstand gut ausdrücken.
5. Karotte in den Dinkel reiben. Petersilie hacken und einen Teil davon für die Dekoration aufheben.
6. Restliche Petersilie mit Dinkel, Karotten und dem Ei gut vermischen. Mit etwas Zitronenschalenabrieb würzen.
7. Aus der Masse flache Bratlinge formen und von beiden Seiten in Paniermehl wenden.
8. Dinkelbratlinge im Öl goldbraun braten und auf Küchenpapier abtropfen lassen.
9. Für die Sauce Zwiebel und Knoblauch fein hacken, in Butter anschwitzen, Ingwer hineinreiben.
10. Koriandersamen mit Salz und den Pfefferkörnern im Mörser zerstoßen, mit Kreuzkümmel und Chilipulver zu den Zwiebeln geben und alles unter Rühren nochmals leicht anschwitzen, bis die Gewürze zu duften beginnen.
11. Passierte Tomaten, Lorbeer, Sternanis und eine Prise Zucker hinzufügen und die Sauce einköcheln lassen. Mit Mandelmus abschmecken.
12. Bratlinge auf der Sauce anrichten und mit zerbröseltem Feta und gehackter Petersilie bestreuen.

TIPPS

1 Statt Gemüsebrühe kann man auch Wasser nehmen, aber Brühe ist aromatischer.

2 Damit die Sauce schön cremig wird, gebe ich am Schluss das Mandelmus dazu.

3 Anstelle von Feta kann man die Bratlinge auch mit geriebenem Bergkäse, Gouda oder Parmesan toppen.

In Schmilka erlebt Felicitas altes Müllerhandwerk. Die Mühle wird mit Wasser betrieben. Felicitas ist beim Kornmahlen mit dabei und befeuert anschließend den Backofen selbst mit Holz.

BROTBACKEN WIE IN DER GUTEN ALTEN ZEIT

Alles Ursprüngliche stößt auf das Interesse von Felicitas. Was könnte es deshalb Schöneres geben, als eine alte Wassermühle zu besuchen und meisterlichen Bio-Bäckern über die Schulter zu schauen, wie sie Korn zu Mehl vermahlen und anschließend in ihrer Backstube in einem traditionellen Holzbackofen daraus köstlich duftende Brote backen! In der historischen Wassermühle in Schmilka in der Sächsischen Schweiz taucht Felicitas in die Welt des alten Müllerhandwerks ein. Die Schmilk'sche Mühle am Ilmenbach stammt aus dem Jahr 1655 und ist das erste und älteste Gebäude im Dorf. Im 19. Jahrhundert verfiel sie, doch seit September 2012 ist sie wieder täglich geöffnet. Die Bäcker Lutz Philipp und René Schulze mahlen, rühren und kneten hier nach überlieferten Rezepten und heizen ihren Holzbackofen in der unweit der Mühle gelegenen Backstube noch genau so ein, als hätte die Zeit seit Jahrzehnten stillgestanden.

VOM KORN ZUM MEHL

Hautnah erlebt Felicitas mit, wie aus Dinkelkorn feinstes Mehl und Schrot werden. Zwischendurch prüft sie immer wieder mit den Händen die Feinheit des Mahlgrads. Dafür braucht es Gefühl. Genau das mag Felicitas: mit allen Sinnen Lebensmittel erfahren. Frisch gemahlenes Mehl fühlt sich wunderbar seidig an! Die Mühle läuft nach einem perfekten Kreislaufsystem. Betrieben wird sie mit Wasserkraft aus der stärksten Quelle der Sächsischen Schweiz. Die liegt nur 80 Meter weiter oben am Berg. Der Backofen wird mit Holz aus den umliegenden Wäldern befeuert. Die Abwärme des Ofens erhitzt das Brauchwasser für die Mühle. Und ein Solarkraftwerk liefert den Sonnenstrom.

Vorbildliche Nachhaltigkeit, in der sich alte Tradition und modernes Öko-Know-how perfekt verbinden. Das befeuert auch Felicitas' Kreativität. Sie heizt den Backofen mit Holzscheiten an und backt darin ein modernes Flatbread. Hipper Snack in romantischem Ambiente. Das lassen sich auch Lutz und René gerne schmecken!

BIO-BÄCKER UND MÜLLER LUTZ & RENÉ

- Pflegen in der historischen Mühle in Schmilka das traditionelle Müller- und Bäckerhandwerk
- Die Mühle steht am Natur-, Kunst- und Kulturwanderweg »Malerweg« am Ilmenbach.
- Sie ist ein zertifizierter Bio-Betrieb und arbeitet komplett mit regenerativer Energie.
- Das Korn wird hier noch nach alter Tradition mit Hilfe von Wasserkraft vermahlen.

TIPPS ZU DINKEL-FLATBREAD

1 Hefe muss nicht in Wasser aufgelöst werden, sie kann auch einfach in den Teig gebröselt werden.

2 Wichtig ist nur, dass der Teig gut geknetet wird, bis er geschmeidig ist und seidig glänzt.

3 Beim Backen des Fladens ab der 4. Minute kontrollieren, dass er nicht zu dunkel wird.

DINKEL-FLATBREAD

Altes Handwerk, von der Foodtruckerin modern interpretiert: ein köstlich knuspriges Flatbread, das auch optisch ganz schön was hermacht!

ZUTATEN

- 280 g Dinkelmehl
- ½ Würfel Hefe
- 1 TL Salz
- ca. 160 ml lauwarmes Wasser
- 2–3 Zweige Thymian

ERBSENCREME

- 1 Schalotte
- 1 Knoblauchzehe
- 1 EL Butter
- 300 g TK-Erbsen
- 200 ml Sahne
- 2 EL Schmand
- Salz; schwarzer Pfeffer, frisch gemahlen
- 1 TL Zitronensaft
- Muskatnuss
- 1 Bund Dill

PFIFFERLINGE

- 200 g Pfifferlinge
- 1 Schalotte
- 2 EL Butter
- Salz; schwarzer Pfeffer, frisch gemahlen
- 1 TL Zitronensaft
- 80 g Speck

SO GEHT'S

1. Dinkelmehl, zerbröckelte Hefe, Salz und Wasser in einer Schüssel mischen. Thymianblätter von den Zweigen zupfen und hinzufügen. Alles gut verrühren und anschließend mit den Knethaken des Rührgeräts oder den Händen zu einem geschmeidigen Teig kneten, der nicht mehr am Schüsselrand oder den Händen klebt. Falls der Teig zu nass oder zu trocken ist, einfach noch Mehl oder Wasser hinzufügen.

2. Dann den Teig in eine Schüssel legen, mit einem feuchten Küchentuch bedecken und mindestens 1 Stunde gehen lassen.

3. Wenn er sein Volumen etwa verdoppelt hat, Teig auf einer bemehlten Arbeitsfläche zu einem dünnen Fladen ausrollen und im vorgeheizten Ofen bei 250°C ca. 7 Minuten backen.

4. Für die Erbsencreme Schalotte und Knoblauch fein würfeln und in der Butter anschwitzen.

5. Erbsen hinzufügen und mit Sahne und Schmand ablöschen. Pfeffer, Salz und Zitronensaft dazugeben und ca. 4 Minuten kochen lassen. Anschließend pürieren und mit Muskatnuss abschmecken.

6. Dillspitzen von den Stielen zupfen und für die Dekoration beiseitestellen.

7. Pfifferlinge mit Küchenkrepp oder einer Pilzbürste putzen (nicht waschen, da sie sich sonst vollsaugen).

8. Schalotte fein würfeln. 1 EL Butter in einer Pfanne erhitzen, dann die Pilze dazugeben und einige Minuten rösten. Anschließend die Schalotten dazugeben und weitere drei Minuten braten. Mit Pfeffer, einem Spritzer Zitronensaft und der restlichen Butter abschmecken. Erst wenn die Pilze fertig gebraten sind, werden sie gesalzen und gepfeffert.

9. Speck erst in Scheiben, dann in dünne Streifen schneiden und ohne Fett in einer Pfanne knusprig braten.

10. Zum Anrichten die Erbsencreme auf das Brot streichen und mit Pfifferlingen, Speck und dem gezupften Dill bestreuen.

DIE KUNST DES KORNBRENNENS

Getreide kann man nicht nur essen, sondern auch ganz hervorragend trinken! Das erfährt Felicitas bei Theo Ligthart, den sie bereits von einem Food-Event in Berlin kennt, und so treffen sich die beiden als alte Bekannte. Theo hat Felicitas zu »Das Korn« eingeladen, einem ganz besonderen Unternehmen. Er ist Künstler und Unternehmer und verbindet bei »Das Korn« erfolgreich beide Erfahrungswelten. Er wollte die jahrhundertealte Tradition des Kornbrennens in Deutschland wiederbeleben und gewann dafür die »Preussische Spirituosen Manufaktur« als Kooperationspartner. Seit 2008 lässt er nach alter Destillateurs-Kunst echten alten Doppelkorn herstellen, ganz so wie zu Kaiser Wilhelms Zeiten.

DIREKT AUS DEM FASS

Um das Aroma seines Kornbrands noch runder und weicher zu machen, arbeitet Theo mit Gerald Schroff zusammen. Gerald leitet die »Preussische Spirituosen Manufaktur«. Er wuchs auf einem badischen Weingut auf. Die beiden teilen die Leidenschaft für handwerklich hergestellte Destillate. Sie begannen, den Korn in alten Weißburgunder-, Chardonnay- und Süßweinfässern aus Geralds Heimat zu lagern sowie in getoasteten Fässern aus Spessart-Eiche. Nach fünf Jahren Reife hat der fassgelagerte Weizenbrand eine Komplexität ähnlich wie Whisky erreicht. Er darf sich nun »Alter Deutscher Doppelkorn« nennen, und Theo lässt Felicitas direkt mit der Schöpfkelle aus dem Steinfass davon probieren. Auf nüchternen Magen am Morgen! Aber Felicitas bleibt wacker, schnappt sich eine Flasche Korn und bereitet damit in ihrem Foodtruck einen französischen Klassiker mit preußischer Note zu: Crêpes Suzette à la Doppelkorn!

THEO LIGTHART

- Unternehmer und Künstler
- Gründete 2008 »Das Korn« in Kooperation mit der »Preussischen Spirituosen Manufaktur«
- Lässt damit die Tradition des echten, alten Kornbrands in höchster Qualität wiederaufleben
- Lagert sein Korn-Destillat in Steingutfässern und getoasteten Fässern aus Spessart-Eiche

Vom Feld ins Fass: Felicitas erfährt bei dem Künstler und Unternehmer Theo, wie aus Getreide ein flüssiger Schatz wird. In Theos Regalen reift »Alter Deutscher Doppelkorn« in Wein- und Steingutfässern zur Vollendung.

Kitchen

CRÊPES SUZETTE MIT PFIRSICHEN UND VANILLECREME

FÜR 4 PERSONEN

Voilà - ein echter Klassiker, interpretiert à la Felicitas: Französische Crêpes mit flambierten Pfirsichen und einem Hauch Vanille.

ZUTATEN CRÊPES-TEIG

- 2 EL Butter + Butter zum Braten
- 180 ml Milch
- 100 g Mehl (Typ 405)
- 1 Prise Salz
- 1 EL Zucker
- 2 Eier (Größe M)
- 2 EL Mineralwasser
- Butter zum Braten

VANILLECREME UND PFIRSICHE

- 200 g Crème Fraîche
- 1 Vanilleschote
- 3 EL Zucker
- Saft und Abrieb von ½ Bio-Zitrone
- 2 reife Pfirsiche
- 1 EL Butter
- 1 Orange, ausgepresst
- 6 cl Korn

SO GEHT'S

1. 2 EL Butter in einem Topf schmelzen und leicht abkühlen lassen. Milch, Mehl und Gewürze in einer Schüssel mit einem Schneebesen gut vermischen. Anschließend die Eier unterrühren. Flüssige Butter ebenfalls unter Rühren hinzufügen. Damit der Teig luftiger wird, einen Schuss Mineralwasser untermischen.

2. Pfanne mit etwas Butter einfetten und auf mittlere Hitze erwärmen. Etwas Teig in die Pfanne geben und diese leicht ausschwenken. Der Pfannenboden sollte nur dünn mit Teig bedeckt sein. Jede Crêpe von beiden Seiten leicht bräunen. Fertige Crêpes warmhalten.

3. Für die Vanillecreme die Crème fraîche in eine Schüssel geben. Vanilleschote der Länge nach einritzen. Mit einem Messerrücken das Mark herauskratzen; die Hälfte davon zur Crème geben. Mit 1 EL Zucker, Zitronensaft und Zitronenabrieb abschmecken.

4. Pfirsiche halbieren, entkernen und in Spalten schneiden.

5. 2 EL Zucker in einer heißen Pfanne goldgelb karamellisieren lassen.

6. Butter, Pfirsiche, restliches Vanillemark und den Saft einer Orange dazugeben und die Pfirsiche weichdünsten. Wenn sie gar sind, werden die Pfirsiche flambiert. Dazu den Korn über die Pfirsiche gießen. Auf einem Gasherd wird sich der Alkohol von selbst entzünden, auf anderen Herden muss man mit einem Feuerzeug nachhelfen. Wenn die Flamme erloschen ist, ist der Alkohol verdampft und die Pfirsiche sind servierfertig.

TIPPS ZU CRÊPES UND PFIRSICH

1 Falls der Crêpes-Teig Klümpchen bildet, hilft ein Pürierstab.

2 Je nach Reifegrad der Pfirsiche muss man die Garzeit und die Zuckermenge ein wenig variieren.

ES GIBT KAFFEE & KUCHEN

12

FELICITAS TRIFFT

DIRK TRIPHAHN · IMKER AN DER OSTSEEKÜSTE MIT MEHR ALS 300 BIENENVÖLKERN

CYNTHIA BARCOMI · DEUTSCHLANDS BEKANNTESTE BACKFEE, BESTSELLERAUTORIN UND PIE-EXPERTIN

ERIK BROCKHOLZ · VIELFACH AUSGEZEICHNETER KAFFEE-RÖSTMEISTER, BARISTA UND KAFFEE-SOMMELIER

Kaffee und Kuchen, das klingt heute fast altbacken und old school. Dabei hat dies nicht zwangsläufig etwas mit Kaffeetanten und plüschigen Konditorei-Cafés zu tun. Im Gegenteil: Immer mehr hippe Back-Kreationen bereichern mit neuen ungewöhnlichen Zutaten unsere Backstuben. Und in Sachen Kaffee macht uns Deutschen ohnehin kaum jemand was vor: Rund 150 Liter trinkt jeder Erwachsene bei uns durchschnittlich im Jahr. Dabei kommt der Herkunft der Bohnen, der Sortenreinheit des Kaffees und der perfekt auf die Kaffeesorte abgestimmten Brühtechnik immer größere Bedeutung zu – mehr als jemals zuvor in der Buttercremetorten-Ära.

Wie wichtig Leidenschaft, Liebe und Sorgfalt beim Kaffeerösten, Backen und Imkern sind, erfährt Felicitas auf ihrer Kaffeereise durch Deutschland. Sie besucht Cynthia Barcomi, Deutschlands Backfee Nr. 1, und lernt bei ihr den ultimativen Kniff für die Zubereitung eines perfekten American Pie kennen. An der Ostseeküste bei dem Imker Dirk Triphan verliert sie fast ihre Scheu vor Bienen und lernt die fleißigen Honigsammler als friedliche, für die Natur immens wichtige Artgenossen schätzen. Und bei Kaffeeyoda Erik Brockholz spürt sie mit allen Sinnen, welch ungeheure aromatische Vielfalt in jeder einzelnen kostbaren Kaffeebohne steckt!

Crème de la crème. Mit Honig von glücklichen Bienen, frischer Sahne und viel Fingerspitzengefühl bereitet Felicitas den Gipfel der Genüsse zu: Croque en bouche – knusprig-fluffige Windbeutelpyramide mit Honigsahne und Honigkaramell.

Original amerikanischer Pie-Teig hat eine unnachahmlich knusprige, leicht blättrige Konsistenz. Wie man die hinkriegt, weiß keine besser als Deutschlands bekannteste Backfee Cynthia Barcomi. Sie weiht Felicitas in die Kunst der Pie-Zubereitung ein. Wichtig dabei: Immer schön präzise abmessen und die Kälte der Zutaten!

DER PERFEKTE AMERICAN PIE

Besuch bei der Back-Königin! Von Cynthia Barcomi hat Felicitas schon viel Spannendes gehört und so freut sie sich darauf, die bekannte amerikanischen Baking Queen in ihrem Berliner Zuhause zu besuchen. Cynthia hat an der Columbia Universität in New York Theaterwissenschaft studiert, wurde dann aber nicht am Broadway berühmt, sondern auf einer ganz anderen Bühne: 1985 kam sie nach Berlin, knapp zehn Jahre später eröffnete sie in Kreuzberg ihr erstes eigenes Café und brachte die amerikanische Kuchenkultur nach Deutschland. Pie-, Cheesecake- und Cupcake-Kreationen revolutionierten die hiesige Backwelt. Seitdem sie zahlreiche erfolgreiche Back- und Kochbücher veröffentlicht hat, ist sie auch eine gefragte Backexpertin im TV. Als solche räumt sie mit so manchen Vorurteilen auf. Etwa dem, dass amerikanisches Gebäck grundsätzlich extrem süß sei: »Das stimmt vielleicht für die Supermarktware, aber nicht für das, was wir privat backen«, erklärt sie Felicitas.

FEIN KRÜMELIG UND MEGA CRUNCHY

In Cynthias heimischer Backstube lernt Felicitas, wie wichtig beim Backen Präzision ist. Cynthia ist eine gut gelaunte und entspannte Bäckerin, aber wenn es ums exakte Messen und Abwiegen der Zutaten geht, macht sie keine Kompromisse. Das Maß aller Dinge für einen gelungenen Teig sind ihre genormten amerikanischen Messlöffel, die auch kleinste Mengen bis zu einem Viertelteelöffel so exakt justieren, dass garantiert kein Gramm Zucker zu viel in den Teig kommt. Felicitas ist beeindruckt, wie viel Wert Cynthia auf Genauigkeit legt. Beim Kochen kann man ruhig experimentieren, erklärt die Backfee, aber beim Backen ist Maßarbeit angesagt. Das gilt auch für den perfekten Pie. Unter Cynthias Anleitung lernt Felicitas, worauf es da ankommt: Fingerspitzengefühl! Die beiden schneiden Schmalz- und Butterbarren in nicht zu dicke und nicht zu dünne Scheiben direkt auf das Mehl in der Backschüssel. Die richtige Schnittstärke ist wichtig, damit sich nachher beim Mischen das Mehl und das Fett zu einer leicht porösen Masse verkrümeln lassen. Am besten geht das mit den Fingern. Sobald die Teigkrümel erbsengroß sind, ist der Pie-Teig auch schon fast fertig. Wichtig ist es, darauf zu achten, schnell zu arbeiten. Denn die Kälte des Fetts macht den Teig schön mürbe. Cynthia formt ihn noch fix zu einem dicken runden Kreis und legt ihn in Folie gewickelt zwei Stunden in den Kühlschrank. Als Felicitas in ihrem Foodtruck damit einen frischen Pflaumen-Pie backt, ist sie begeistert: So einen super knusprigen, mega crunchigen Pie hat sie noch niemals gegessen. Yummy!

CYNTHIA BARCOMI

- Die gebürtige Amerikanerin revolutionierte von Berlin aus die deutsche Backkultur.
- 1994 eröffnete sie in Kreuzberg ihr Café »Barcomi's Kaffeerösterei«.
- Schnell wurde sie dort für ihren hausgerösteten Kaffee sowie für ihre Pie-, Cheesecake-, Cupcake- und Muffin-Kreationen berühmt.
- Sie veröffentliche zahlreiche Backbücher, die allesamt Bestseller wurden.

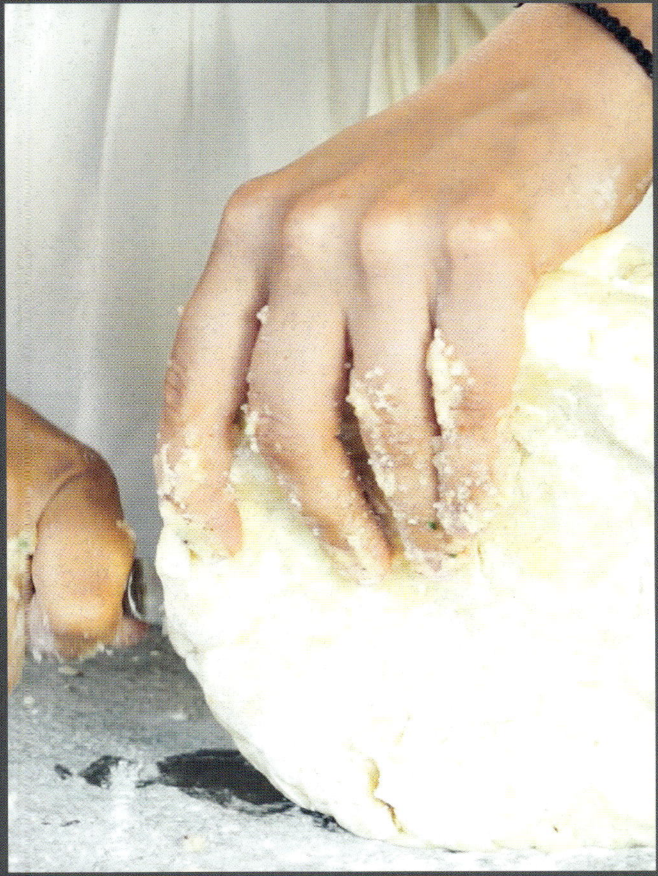

PFLAUMEN-PIE MIT ROSMARIN-STREUSELN

Mit dieser Pie-Kreation konnte Felicitas die Baking Queen Cynthia Barcomie restlos überzeugen: super blättriger Teig, herrlich knusprig im Mund und dazu die raffinierte Rosmarin-Note: Well done, Felicitas!

ZUTATEN

- 425 g Mehl, Type 405
- 1 TL Salz
- 1 TL Zucker
- 200 g kalte Butter
- 100 g kaltes Pflanzenfett oder Schweineschmalz
- 150 ml kaltes Wasser

FÜR FÜLLUNG UND STREUSEL

- 1 kg Pflaumen
- 150 g kalte Butter für die Streusel
- 200 g Mehl für die Streusel
- 170 g Zucker für die Streusel
- 100 g gemahlene Haselnüsse
- 4 Stängel frischer Rosmarin
- Abrieb von ½ Bio-Zitrone
- 1 Prise Salz

FÜR EINE 28ER PIE-FORM

SO GEHT'S

1. Für den Teig Mehl, Salz und Zucker mit einem Schneebesen in einer Schüssel mischen.
2. Die gut gekühlte Butter und das Schmalz in dünnen Scheiben zur Mehl-Zuckermischung geben.
3. Alles rasch mit den Fingerspitzen vermengen bis Teigkrümel in Erbsengröße entstehen.
4. Nun das Wasser zur Teigmasse geben und mit einer Gabel unterziehen, bis der Teig gerade mal so zusammenhält. Darauf achten, dass der Teig nicht überarbeitet wird!
5. Anschließend den Teig zu einer Scheibe formen, in Frischhaltefolie einschlagen und mindestens zwei Stunden kühlstellen.
6. Den kalten Teig der Länge nach halbieren. Eine Hälfte auf der bemehlten Arbeitsfläche mit dem Nudelholz ausrollen und in eine Pie- oder Tarte-Form legen, einen Rand formen und festdrücken.
7. Die Pflaumen halbieren, entkernen und auf dem Teig verteilen.
8. Für die Streusel die Butter, die Zimmertemperatur haben soll, in groben Flöckchen in eine Schüssel geben, Mehl, Zucker und Nüsse hinzufügen und alles mit den Händen oder dem Handrührer vermischen. Rosmarin fein hacken und mit einer Prise Salz und Zitronenabrieb unter die Streusel mischen.
9. Ofen auf 200°C vorheizen. Streusel über die Pflaumen streuen und den Pie 25 Minuten backen. Anschließend die Temperatur auf 180°C reduzieren und den Kuchen für weitere 20 Minuten backen.

TIPPS ZU PFLAUMEN-PIE

1 Alternativ kann man für den Teig auch einen ³/₄ Anteil Weizenmehl mit ¹/₄ Anteil Vollkornmehl mischen.

2 Der Pie-Teig ist perfekt, wenn er noch krümelig ist, aber schon bindet.

3 Da der Teig ausreichend Fett enthält, muss man die Pie-Form nicht extra ausfetten.

4 Anstelle der Pflaumen schmecken auch Zwetschgen oder Aprikosen.

5 Wenn das Obst sehr saftig ist, kann man noch etwas Semmelbrösel auf den Teigboden streuen. Das bindet die Feuchtigkeit.

DER KAFFEEYODA

Mehr als 1000 ätherische Aroma-Komponenten, versteckt in einem harten, blassgrünen Kern, der sein Inneres nur Geübten preisgibt. Um so eine Kostbarkeit zu knacken, braucht es das Know-how eines Kenners. »Kaffeeyoda« Erik ist dafür genau der richtige Mann. Stolz steht er an seinem Heiligtum, einer Rösttrommel aus den 1930er-Jahren, die noch mit Gas befeuert wird. Yoda Erik ist in der Kaffeewelt kein unbeschriebenes Blatt: Er gehört seit 2015 zur Leitung des Hamburger Traditionsunternehmens »Kaffeerösterei Burg« in der historischen Speicherstadt am Hafen. Nur ein Jahr später holte sich der ausgebildete Barista, Kaffeesommelier und Kaffeeröster bei den Deutschen Röstmeisterschaften die Vizemeisterschaft. Während industriell veredelte Kaffeesorten in Riesenmaschinen mit hohen Temperaturen befeuert werden, ist Kaffeerösten bei Erik eine sensible Kunst. Er röstet Kaffeesorten aus den besten Anbaugebieten der Welt nur bis maximal 200°C. Jeder Röstvorgang dauert bei ihm zwischen 18 bis 22 Minuten, je nach Art und Charakter der Kaffeebohnen. Felicitas besucht Erik in seiner Rösterei und guckt ihm dabei über die Schulter. Alle zwei Minuten kontrolliert Erik die Bohnen in der heißen Trommel und stellt so exakt fest, wann der Röstvorgang und die Kaffeebräune ihren optimalen Grad erreicht haben. Am Ende entsteht so je nach Herkunft ein Kaffee mit sauren, karamelligen oder auch schokoladigen Aromen. Erik trinkt seinen Kaffee übrigens schwarz und als Filterkaffee. Nur so kann er die Nuancen am besten wahrnehmen.

ERIK BROCKHOLZ

- Macht seinem Namen »Kaffeeyoda« als Röstmeister, Barista und Kaffeesommelier alle Ehre
- Der gelernte Koch und ausgebildete Kaffeeröster leitet in Hamburg die Kaffeerösterei Burg.
- 2016 gewann er bei den Deutschen Röstmeisterschaften den zweiten Platz.
- Für seinen Filterkaffee wurde er von der Deutschen Röstergilde zweimal mit Gold prämiert.

LEIDENSCHAFT UND LEBENSGEFÜHL

»Kaffee ist ähnlich facettenreich wie guter Wein«, erklärt Erik Felicitas. Die kleinen Bohnen brauchen Wärme, um die ganze Bandbreite ihrer Nuancen zu entfalten. Ungeröstet bleibt ihr Geschmack schal. Wenn jedoch Kaffeekenner wie Erik es mit ihrer Erfahrung, ihrem feinen Gespür für Aromen und perfekten Timing schaffen, einer edlen Kaffeesorte ihr Geheimnis zu entlocken, ist das meisterlich. Doch wie brüht man eigentlich perfekten Kaffee? »Erst mal ist natürlich eine gute Kaffeesorte wichtig. Genauso wichtig ist aber auch die Temperatur des Wassers. Zwischen 92° und 96°C sollte es haben, dann bringt es den ganzen Facettenreichtum der Bohnen in die Tasse«, erklärt der Kaffeeyoda. Und nicht nur in die Tasse: Durch das offene Rösten direkt vor den Kunden, duftet es umwerfend gut in der gesamten Rösterei. Für Erik ist Kaffee ein Lebensgefühl. Das Rösthandwerk ist seine größte Leidenschaft. Das schmeckt auch Felicitas mit jeder Tasse, die sie bei ihm probiert. Wahrer Kaffeegenuss ist liebevolle Handarbeit – das wird ihr in diesem Reich der Düfte und Aromen bewusst.

An die 1000 verschiedene Komponenten stecken in jeder einzelnen Kaffeebohne. Die muss man beim Rösten erst einmal wachkitzeln. Kaffeeyoda Erik hat dafür genau das richtige Equipment: Eine Rösttrommel aus den 1930er-Jahren und jede Menge sensorisches Feingefühl.

Kaffee-

APESI

URKUNDE
URKUNDE

Normalerweise macht man eine Sauce Hollandaise mit einer Weißweinreduktion. Bei Felicitas wird's noch eine Spur aufregender – mit einer extravaganten Variante auf Kaffee-Basis!

FÜR 4 PORTIONEN

GRATINIERTE AUSTERN MIT KAFFEE-HOLLANDAISE

ZUTATEN

- 200 ml frisch gebrühter, starker Kaffee
- 1 Schalotte
- 250 g Butter
- 3 Eigelb
- 300 ml Wasser fürs Wasserbad
- 1 Prise Salz
- Saft und Abrieb von ½ Bio-Zitrone
- 8 frische Austern
- 200 g grobes Meersalz
- 1 kleines Bund glatte Petersilie
- 6 geröstete Kaffeebohnen
- 50 g Pankomehl (Asialaden)

SO GEHT'S

1. Schalotte hacken. Den gebrühten Kaffee mit den Schalottenwürfeln 5 Minuten köcheln und auf die Hälfte (100 ml) einreduzieren. Die Reduktion durch ein Sieb gießen.

2. Butter bei geringer Hitze in einem Topf schmelzen.

3. Eigelb mit der Kaffeereduktion unter ständigem Rühren über einem warmen Wasserbad leicht aufschlagen. Salzen und unter Rühren die geschmolzene, leicht abgekühlte Butter in schmalem Strahl hinzugießen. Die Hollandaise bindet sofort.

4. Für den Frischekick sorgen einige Spritzer Zitronensaft und Zitronenabrieb. Die fertige Sauce beiseitestellen.

5. Jetzt die frischen, gekühlten Austern öffnen. Dazu die Austern mit der gewölbten Seite nach unten fest in der durch Handschuh oder Tuch geschützten Hand halten. Den Spalt zwischen oberer und unterer Austernschale suchen und mit einem Austernmesser vorsichtig in den Kern des Schalentiers vordringen. Den Deckel der Auster durch hebelnde Bewegungen langsam lösen. Das Austernwasser über einem Sieb in einer Schüssel auffangen.

6. Für das Austern-Ofenbett das Meersalz auf einem Backblech verteilen.

7. Petersilie hacken. Die gerösteten Kaffeebohnen im Mörser zerstoßen. Kaffee und Petersilie mit Pankomehl mischen.

8. Das Austernwasser von 2–3 Muscheln nochmals durch ein Sieb gießen und unter die bereits abgekühlte Hollandaise heben.

9. Die Austernhälften in das Salzbett setzen, mit je 2 EL Kaffee-Hollandaise beträufeln und mit dem Kaffeecrunch toppen. Bei 200°C Oberhitzegrill 10 Minuten gratinieren.

TIPPS ZU AUSTERN UND HOLLANDAISE

1 Beim Aufschlagen der Hollandaise darauf achten, dass die Hitze nicht zu stark wird, da die Sauce sonst gerinnt.

2 Kein Austernhandschuh da? Null Problemo! Ein festes Küchentuch oder ein Backhandschuh tun's auch!

3 Was von der Austernflüssigkeit übrig bleibt verwende ich zur Zubereitung eines Fischfonds.

4 Man kann den Kaffee-Crunch auch mit frisch geriebenem Parmesan verfeinern.

Kitchen

HERR DER BIENEN

DIRK TRIPHAHN

- Berufsimker mit Bienenvölkern am Nationalpark Vorpommersche Boddenlandschaft
- Jedes seiner über 300 Bienenvölker umfasst im Sommer bis zu 80.000 Bienen.
- Dirk ist Imker aus Leidenschaft und engagiert sich für den Erhalt der Bienenpopulation.
- Die Honigsorten aus seiner Imkerei in Ribnitz-Damgarten sind reine Naturprodukte.

Dünenlandschaften am Ostseestrand, Rapsfelder, Wälder und unberührte Natur. Die mehr als 300 Bienenvölker von Imker Dirk Triphahn haben es besser als viele ihrer Artgenossen. Sie finden hier, auf 1,2 Hektar Land am Rande des Nationalparks Vorpommersche Boddenlandschaft noch reichlich Weidetracht für ihren Raps- und Kornblumen-, Wild- und Lindenblütenhonig. Dennoch stehen Dirk und seine Bienenvölker jeden Frühling bis Herbst vor neuen Herausforderungen. Denn der Honigertrag wird auch hierzulande immer weniger. Weltweit sind Bienen vom Aussterben bedroht. Monokulturen und Pflanzengifte wie Glyphosat reduzieren ihre Nahrungsquellen. Sie können nicht mehr genügend Nektar saugen oder gehen an den Insektiziden zugrunde. Dirk, der von klein auf eine enge Beziehung zu Honigbienen hat, stemmt sich mit seiner Berufsimkerei gegen diesen gefährlichen Trend: »Albert Einstein sagte einmal treffend, wenn die Biene stirbt, stirbt auch der Mensch«, erklärt er Felicitas. Wenn keine Bienen mehr da sind, werden Obst- und Gemüsepflanzen, Kräuter und Blumen nicht mehr bestäubt – der Beginn eines unaufhaltsamen Kreislaufs. Felicitas besucht den leidenschaftlichen Bienenfreund Dirk, weil sie weiß, dass jeder etwas gegen das Bienensterben tun kann. Wer Honig von regionalen Imkern wie Dirk Triphahn kauft, leistet einen Beitrag für die Artenvielfalt.

SUMMEN UND BRUMMEN

Dirk half schon als kleiner Junge seinem Vater beim Honigschleudern. Und auch sein Schwiegervater züchtete Bienen. Seit mehr als 30 Jahren bestimmt nun die Arbeit mit den summenden Honiglieferanten Dirks Alltag. Hatte er anfangs noch Angst vor den stacheligen Mitarbeitern, steht er heute sogar ohne Vollschutz an ihren Stöcken. Felicitas assistiert ihm mit einem Smoker. Darin brennt natürliches Material wie Holz, Sägespäne oder Heu. Der Rauch des Smokers suggeriert den Bienen Gefahr, weshalb sie sich ruhig verhalten und zurückziehen. So kann Dirk die honiggefüllten Waben ohne Probleme aus den Bienenstöcken ziehen. Er drückt Felicitas eine »Entdecklergabel« in die Hand und zeigt ihr, wie sich damit die oberste Wachsschicht der Waben abkratzen lässt. Danach geht es mit den Waben ab in die mechanische Honigschleuder! Die Zentrifugalkraft von 300 Umdrehungen pro Minute lässt das flüssige Gold nur so heraustropfen. Anschließend filtert Dirk den frisch geschleuderten Honig und entfernt dabei die letzten Wachskrümelchen. Fertig ist ein reines Naturprodukt aus der Region, perfekt für Felicitas' Backvorhaben: Sie zaubert für Dirk eine Windbeutelpyramide mit leckerer Honigsahne und Honigkaramell. Klar, dass da auch die Bienen zum Foodtruck fliegen, um Felicitas und die süße Köstlichkeit mal ein bisschen zu umschwärmen!

TIPPS ZU WINDBEUTEL UND CO.

1 Brandteig geht beim Backen stark auf, deshalb auf ausreichend Abstand zwischen den Teighäufchen achten.

2 Ofen während des gesamten Backvorgangs geschlossen halten, sonst fallen die Windbeutel in sich zusammen.

3 Für Sommertage: Sahne immer eiskalt aufbewahren und sofort nach dem Herausnehmen aus dem Kühlschrank verarbeiten. So lässt sie sich auch bei hohen Temperaturen problemlos schlagen.

BIENENSTICH-WINDBEUTEL-PYRAMIDE

Felicitas bringt den französischen Gebäck-Klassiker Croque en bouche an die stürmische Ostseeküste. Ein hochdekorativer Mix aus Crunch und Creme, der bei jedem Wind und Wetter schmeckt!

ZUTATEN

- 300 ml Wasser
- 200 g Butter
- 1 Prise Salz
- 300 g Mehl
- 4 Eier
- 4 EL Honig
- Mark einer Vanilleschote
- 250 ml Schlagsahne
- Abrieb von ½ Bio-Zitrone
- 100 g Zucker
- 50 ml Wasser
- 50 g flüssiger Honig
- geröstete Mandelplättchen

FÜR 6–8 PERSONEN

SO GEHT'S

1. Wasser mit der Butter zum Kochen bringen und mit Salz würzen.
2. Sobald die Wasser-Buttermischung kocht, das Mehl zügig dazuschütten und alles sofort kräftig verrühren.
3. Wenn sich der Teig beim Rühren vom Boden löst, den Topf vom Herd nehmen und den Teig unter ständigem Weiterrühren leicht abkühlen lassen.
4. Nacheinander die Eier in die Teigmasse einarbeiten (am besten mit den Knethaken des Rührgeräts).
5. Den Brandteig in einen Spritzbeutel mit Lochtülle füllen und einzelne Tupfen von etwa 4 cm Durchmesser auf ein mit Backpapier ausgelegtes Backblech setzen. Die Windbeutel bei 190°C 15 Minuten backen. Den Backofen zwischendurch auf keinen Fall öffnen.
6. Inzwischen die Füllung zubereiten: Den Honig mit dem Mark einer Vanilleschote verrühren und die Sahne steifschlagen. Vanillehonig vorsichtig unter die Schlagsahne haben und mit etwas Zitronenschalenabrieb würzen.
7. Windbeutel aus dem Ofen nehmen und abkühlen lassen.
8. Sahnemasse in einen Spritzbeutel füllen. Mit einem Messer in jeden Windbeutel ein Loch stechen. Die Sahne-Honig-Mischung in den Hohlraum spritzen.
9. Zum Auftürmen der Windbeutel den Honig-Karamell zubereiten. Dafür den Zucker mit dem Wasser zum Kochen bringen und goldbraun karamellisieren lassen. Dann den Honig einrühren.
10. Jetzt heißt es, zügig weiterarbeiten, bevor der Karamell fest wird! Für die Basis des Turms die Unterseiten der Windbeutel mit dem Honigkaramell bestreichen und auf einer Platte oder einem großen Teller kreisförmig anrichten. Mit Hilfe des klebrigen Karamells die restlichen Windbeutel zu einer Gebäck-Pyramide zusammenfügen.
11. Die Pyramide mit dem restlichen Honigkaramell und den gerösteten Mandelplättchen besprenkeln und auskühlen lassen. Fertig ist Felicitas' französischer Wegbegleiter zum Kaffeekränzchen!

Idee und Konzept: Daniela Montoya und Heiko Sedlack
Rezepte: Felicitas Then
Mitarbeit: Stefan Dexheimer, Linda Jeschonneck, Daniela Montoya, Heiko Sedlack, Sebastian Stolz, Felicitas Then, Andreas Thiemann
Gestaltung WELT: Andreas Thiemann
Fotos: © WeltN24 GmbH

WELT

Text: © 2017 by Katja Mutschelknaus, vermittelt durch die Michael Meller Literary Agency GmbH, München
Illustrationen: Shutterstock (Pim, S. 8, S. 96; Lubov Chipurko, S. 20; E. Druzhinina, S. 30; Chiociolla, S. 42; AVA Bitter, S. 56; Sketch Master, S. 70, S. 132; nafanya241, S. 82; andrey oleynik, S. 108; Iryna Kashpur, S. 122; AnnaGarmatiy, S. 146)
Cover, Gestaltung und Satz: Sofarobotnik, Augsburg & München
Lektorat: Stephan Thomas, München
Produktmanagement: Victoria Salley
Druck und Bindung: GRASPO CZ, a. s., Tschechische Republik

1. Auflage 2018

ISBN: 978-3-7724-7471-2 • Best.-Nr. 7471

WEBADRESSEN

www.cara-royal.de
www.forellenhof-rottstock.de
www.ludwigmaurer.com
www.besh.de
hendrikhaase.com
www.erlesene-kartoffeln.de/erzeuger/heidi-kaiser-eichenhof
www.windspiel-manufaktur.com
www.bobalis.de
www.hofer-manufaktur.de
www.waltmann.de
www.hofkaeserei-kraus.de
www.derdorfmetzger.de
www.texaslonghorn.de
www.boogiesbbq.com/de
www.rocking-chefs.com/ralf-jakumeit
www.zum-honigdieb.de
www.cynthiabarcomi.com
www.kaffeeyoda.com
www.maiselandfriends.com
www.westindien.com/produkte/sylter-hopfen/sylter-hopfen
www.weyermann.de
www.meierei-potsdam.de
www.xn--mhle-schmilka-wob.de
www.daskorn.com
www.biogetreide.info
www.oekonomierat-rebholz.com
www.tropenhaus-klein-eden.eu
www.gretzmeier.de
www.pilzschule.de
www.biopilzhof.de
www.welt.de/diefoodtruckerin